「資金100万円」から
ドンドン収入を増やす不動産投資術！

高卒製造業のワタシが31歳で家賃年収1750万円になった方法！

ふんどし王子 著

はじめに　〜高卒製造業でも大家になれる時代〜

はじめまして！　〝ふんどし王子〟と申します！

もちろんペンネームですし、イラストのように〝ふんどし姿〟で生活しているわけでもありません、あくまでもイメージです（笑）。

本業が、現役サラリーマンという立場上、おおやけに名前を出すということができないため、このようなペンネームで活動させていただいております。どうぞご容赦ください（汗）。

私は富山の田舎に住む、31才のサラリーマンです。最終学歴は地元の工業高校卒業で、仕事は工場勤務。いわゆるブルーカラーと呼ばれる属性の人間です。

今日も工場で、3万5000個の小さい部品をチェックしてから、この原稿を書いています。（将来、ロボットに代わられるのは間違いなし！）

しかし、私には疲れた勤め人という顔の他に、「不動産投資家」というもう一つの顔があります。

不動産投資を始めたのは7年前、24才のとき。現在は、アパート4棟と戸建を4戸所有しており、現在新築を進めている2つの物件を足すと、家賃年収は約1750万円となります。(本業の収入よりずっと多い金額です!)

ざっくり説明すると、私はこれまで、以下のような数々の物件を買ってきました。

・新築で建てた二世帯住宅
・6戸の中古アパート
・区分マンション
・8戸の中古アパート
・65万円のボロ戸建て
・200万円のガレージつきボロ戸建て
・50万円のボロ戸建て
・新築戸建て
・新築アパート・・・。

見てのとおり、色々な種類の物件を買いながら、経験値を積み上げてきたのです。購入、売却をしながら、現在は13の物件を所有しています。("はじめに"の最後に写真付で全物件の詳細を載せています!)

世の中の人の多くは、「不動産投資って、土地を持っているお金持ちがやるものでしょ?」「アパート経営なんて、一流企業に勤める高給取りの人や、お医者さんや弁護士さんなどじゃないと無理なのでは?」という思いこみを持っていると思います。

しかし、それは違います。

21世紀に入り、日本では田舎の不動産の価格がぐんぐん下がり、また、金融機関も私のような普通のサラリーマンにも不動産投資のためのお金を貸してくれる時代になりました。

そんな時代に生まれた私、そして読者の皆さんはラッキーです!

あとは、自分が家賃収入を得て豊かになることを決意し、方法を調べて、実行するだけです。

ステキなメンターや仲間たちに出会えたこともあり、私はここまで順調に不動産からの収入を増やすことができました。

また富山というのは、全国的に見ても土地の値段に対して、家賃が多く頂ける地域です。

土地値が都会の100分の1や、50分の1でも、家賃が100分の1や、50分の1になる訳ではありません。

不動産投資をする環境としても恵まれていると思います!

学歴もなく、工場に勤めている人でも、幸せになる権利はありますし、その方法はあります。

日本の国力の源は製造業で働く皆さんだと思います。

しかし、東芝やシャープ、パナソニックなど、安定していると言われていた大手でもリストラや、ダウンサイジングが行われる時代です。

大企業に依存する中小企業であればならなおさらです。

真面目に働く方が幸せにならなければ、だれが幸せになるというのでしょうか。

属している会社が傾いた時、誰も助けてはくれません!

不動産投資の世界は、ある意味、現実社会よりもフラットです。

社会人になってからの通信簿は「預金残高」と、「源泉徴収」の金額と、「勤続年数」です。

融資申し込み欄に「学歴」を記入する欄はありません。

「東大卒だから1億円貸してあげます」ということにはなりません。

日本はモノづくりの国です。

日夜生産活動を行っているこの国の原動力の方々が、豊かで幸せにならないなんておかしい・・・。

厳しい言い方をすると、我々は「無知」であるがゆえに、自分の「可能性」と、「信用力」に気が付いていないだけかもしれません。

私も「しょせん自分なんて・・・」と思う時期が長らくありました。

自分を振り返り、低学歴だし、工場勤務だし・・・とネガティブに考えることも可能です。

しかし、弱みは強みです！　低学歴→早くに社会に出た実績（勤続年数）。工場勤務→事務職より夜勤や手当で給料が多い（夜勤の時は昼間が動ける）ｅｔｃ・・・

そんな風に考えれば、自分がすでにたくさんのものを手にしていることに気づけます。

世の中には変えられないものがたくさんありますが、自分の行動と、環境は変えていくことはできます。

はじめに

例えば、少しの行動力と勇気を持ち、不動産投資で成果を上げることで、人生を変えることはそう難しいことではありません。

十分なお金がない生活の連鎖、そのせいで親がイラついている家庭環境の連鎖を、自分の代で止めることもできます。

お金のことで悩まない人生って、ステキですよ！

本書では、さまざまな環境や学歴（大卒じゃなくても）からでも成功する方法はあること、具体的に「高卒製造業の若者」がどうやって経済的に豊かになったのかを、順を追って説明していきます。

後半には、「ふんどし王子のおかげで人生が変わった」という富山の若手大家さん6名からの寄稿があります。ぜひ参考にしてみてください！

この本を通じて、多くの仲間たちに勇気と、金銭的自由へのきっかけを与えられればうれしい限りです！

ふんどし王子

ふんどし王子の購入物件

※売却済物件含む。

1、賃貸併用住宅（射水市）

H21年11月新築／2500万(土地1000万、建物1500万)／家賃14万(7万×2戸)／年収168万／利回り6.7%／融資(借換後)金利0.7%　35年返済

2、個人中古アパート1号（富山市）

H23年5月取得／H29年1月売却(2250万)(保有中に外壁塗装などで150万程度修繕)／築21年(H8年築)／価格1200万(諸費用等100万程度プラス)／家賃21万／年収252万／利回り21%

リフォーム前

引き渡し時
(売主側でリフォームをしてくれた)

3、法人区分マンション1号（高岡市）

取得H24年4月／売却H25年8月／築34年(S63年築)／区分マンション／購入140万(230万で売却)／家賃3.6万／利回り30.8%

4、法人区分マンション2号（富山市）

購入170万／売却230万で売却／3.5万で賃貸／年収42万／利回り24.7%／H26年6月取得／H27年8月売却／築26年(H3年築)

5、法人区分マンション3号（富山市）

H26年12月取得／H27年8月売却／築26年（H3年築）／購入110万／売却198万／3.2万で賃貸／年収38.4万／利回り34.9%

6、法人中古アパート1号（富山市）

H25年3月取得／H28年8月売却（3300万）／築20年（H9年築）／価格2550万／月38万（8部屋）／年収456万／利回り17.8%（保有中250万程度かけて塗装と内部リフォームを実施）

7、個人中古ガレージハウス（滑川市）

築27年／H28年3月取得／250万⇒50万の指値で200万／リフォーム200万（風呂新設、汲取りから水洗へ）／合計400万／家賃6.5万／年収78万／利回り19.5%

8、個人転貸物件1号（富山市）

築65年（S26年築）／S63年に風呂、トイレ増築／取得H28年5月／65万戸建て／物件価格65万／リフォームと取得費35万／ポールさん30万／合計130万／家賃4万（折半）／年収48万／利回り36.9%

9、個人転貸物件2号（富山市）

H28年10月取得／築52年／物件価格50万／税金など諸費用などで合計60万（再建築不可、未登記）／ポールさんのリフォーム20万／家賃4万（家賃折半）／年収48万／利回り60%（80万に対して）

10、法人新築戸建（富山市）
H28年12月新築／1200万（土地200万、建物1000万）／（1650万で一度買付あり）／家賃10.4万／年収124.8万／利回り10.4%

11、法人中古マンション1号（富山市）
H29年1月取得／価格1200万／家賃23.6万／年収283.2万／利回り23.6%／築28年（H1年築）

12、法人新築アパート1号（H29年10月引き渡し予定・滑川市）※同じ敷地内に2つのアパート
4100万（土地630万、建物（2つ合計）3470万）／想定家賃（2つ合計）月35.6万／年収427.2／利回り10.4%

13、法人新築アパート2号（H30年1月引渡し予定・射水市）
6100万（土地800万、建物5300万）／想定家賃月収53.6万／年収643.2万／想定利回り10.5%

目次

◆目次◆

第1章　高卒製造業の私が24歳で300万円を貯めて、31歳で家賃年収1750万円になるまで！

第2章 無借金で手元の資金を増やす方法

第3章 元手100万円！"ふんどし王子"印の「不動産投資」のはじめ方

第4章 「融資」を使って一棟物で規模を拡大する

目次

第5章 「満室経営」で家賃収入を得つつ、「売却益」も狙う

第6章 2棟目、3棟目！どんどん「収入を増やす」ための「物件購入・売却」術

目次

第1章

高卒製造業の私が24歳で300万円を貯めて、31歳で家賃年収1750万円になるまで！

まずスタートの第1章では、私の生い立ちや、どのような経緯でお金持ちを目指すようになったか、そして実際にどうやってお金を貯めたのかなど、不動産投資を始めるまでの経緯について紹介します！

読んでもらえればわかりますが、決して恵まれたスタートではなかったと思います。それでも、コツコツと行動を積み重ねれば、そんなに無茶をしなくても、不動産投資で賃料収入を得られる道が、現代の日本にはあります。

むしろ、私にとって大変だったのは、「自分のような低属性のサラリーマンが本当に大家になれるのか」というメンタルブロックを外すことだったように思います・・・。

そこで効果的だったのは、メンターや仲間の存在でした。その点についても紹介していますので、ぜひ参考にしてください！

① ふんどし王子誕生秘話

私は祖父、両親、3人の兄、私と妹という大家族で育ちました（さらに私と妹は双子です（笑））。

貧乏ではありませんでしたが、決して裕福ではありませんでした。

しかし、絶対的な貧乏と、相対的な貧乏があるとすれば、相対的には貧乏だったと思います。友達が持っていた合体ロボは持っていなかったし、家族旅行も記憶に1回くらいある程度です。

父親は建設・設備関係の仕事をしており、バブル期のモーレツな業務をこなしていました。

そのため、いつもイライラしており、ストレスから無意識に髪の毛をむしり、ハゲを作っていました。また顔面神経麻痺という、顔の半分に力が入らない症状も出ていました。

昭和を感じさせる5人兄弟
(右から2番目が著者)

無邪気だった頃のふんどし少年
(王子)

母親は、6才年上の兄から私までの5人の子供たちを育ててくれました。
しかし、大変なこともたくさんあったのでしょう。
心のよりどころとして、宗教にはまりました。
その件で、戦争帰りで厳格な祖父とかなり衝突していました(家族内宗教戦争です)。

日曜は集会だったので、祖父が石頭(せっとう)ハンマーで建物をぶっ叩き、カチコミする場面もありました(今ではいい思い出です)。
また、祖父から聖書の隠し場所を教えろと言われ、子ども達が隠し場所を教えると、そのまま祖父が庭で火をつけて燃やすという事件もありました(現代の魔女狩りです)。

その不穏な空気はさらに父親を苛立たせ、父のストレスは一番小さい、一番出来の悪い私に向かいました。

よく顔を引っ叩かれましたし「馬鹿野郎！」「真面目にやれ！」と言われて育ちました。

その結果、自己肯定感は低く、基本おどおどした人間になりました。

不幸自慢をしたいわけでもないですし、誰かに復讐したい訳でもありません。

私が言いたいのは、幼少期に、「なぜ仲良くできないの？」「なぜイライラしてるの？」「なぜみんな、こんな苦しい思いをしているの？」といつも思っていたその原体験が、今の私を作ったということです。

この疑問を解決するために、大人になった私は、自己啓発本や、スピリチュアルな本や、お金持ちになれる系の本を読み漁りました。

その結果、多くの失敗や回り道もしましたが、お金持ちになる手段のひとつである不動産投資に行きつき、リッチなサラリーマン大家になることができました。

幼少期の疑問は、解決しました。

お金で幸せになることはできないが、お金があれば8割方の問題は解決する。

これが答えです。

すべての問題はなくならないかもしれません。しかし、少なくとも、お金がないがために起こる悲劇や、不幸は避けることができます。


祖父のように、農業と日雇いの仕事で疲れ果てた先に、父のようにモーレツなサラリーマンとして働いた先に、バラ色の生活はありませんでした。

あのエネルギーの先をもっと別の方向に向けていれば、具体的には投資に回せば、我が家はもっと裕福になっていたと思います。

子どもは、親が思っている以上に賢く、敏感で、家庭内の空気を察知します。

私も、家にはあまりお金の余裕がないと感じていたので、高校を卒業したらすぐに働こうと思っていました。大学という選択肢はありませんでした。

今にして思えば、奨学金や、ものすごく頑張れば特待生などいろいろな道はあったと思いますが、その発想すらありませんでした（学校の勉強も好きではありませんでしたが（笑））。


我が家の両親も現在は定年退職をし、心穏やかに生活しています。

今、自分が父親になって思うのは、私が当時の祖父や両親のような生活環境にいたら、同じような態度や行動を取っていただろうということです。

環境が人間を作るのです。

最近は2才の息子が可愛くて、ほっぺにちゅっちゅして嫌がられているのですが、私が子どもの頃も父親にされていたことを思い出しました。

引っ叩かれ、怒鳴られ、嫌いだったこともあります。

しかし、私は愛されていたのです。ただ、余裕がなくて、つい子供に当たることがあっただけなのです。私は、子どもが素直に、愛（自己承認）を感じられる環境の中で、子育てをしていきたいと願っています。

そして多くの選択肢を提示できればと思っていますし、幸いなことに、今はそれができる環境にあります。

誕生日や、記念日に妻にプレゼントをあげられたり、子どものおもちゃを購入できるなどの金銭的自由があることは素晴らしいことです。

そして、そんな自分が誇らしく、自信も持てるようになってきました。

② 高卒製造業の私が300万円を貯めた方法

私は中3のときに、4才上の兄が持っていた『金持ち父さん・貧乏父さん』ロバート・キヨサキ、シャロン・レクター／著（筑摩書房）を読み、「僕もお金持ちになろう」と決心しました。

その後、工業高校を卒業して、自動車メーカーの系列会社に就職してからも、「お金持ちになりたい」という思いは、心の中で生きていました。

経済的自由を目指そう。とりあえず、毎月の家賃収入やらなんやらで会社の給料を超えるぞ。目標は毎月100万の不労所得だ！

その頃はピチピチの独身でしたので、お金持ちになって可愛い女性にモテたいという願望もけっこう強めにありました（笑）。

ちなみに高校は機械科だったので、3年間クラスは男子のみ、軽く灰色生活だったので社会人デビューをしようと思っていました。

しかし、会社員になり工場勤務もまた男性社会でした・・・。

話が脱線しましたが、お金持ちになりたくても何からはじめていいのか、さっぱりわかりませんでした。

てっとり早いノウハウを求めて、ビジネス本を乱読しました。300冊以上は読んだと思います。ただ、本での知識は「なるほど!!」と思うものの、いまいち実践的ではありませんでした。

紙に目標を書いて毎日読むとか、感謝が大事で利益はあとから付いてくるとか、綺麗ごとばっかりで、ダイレクトに収益に繋がる訳ではないですし、「他人事」の話でした（今ではとても大事な要素だと思っています）。

フォトリーディングのセミナーも受けましたし、神田昌典氏の10万円もする高額セミナーにも参加しました。

しかし、当時の私はセミナーに大金を払うわりには、パチンコで散財したり、バカにならない金額のたばこ代を毎月使ってしまうような弱い心の持ち主でした（笑）。

当然、現実は変わりません。

そんな状態のまま、投資の勉強を始めた私は、まず、「投資を行う資金を作る」ために、できることを始めました。

最初に実行したのは、月並みですが「貯金」です。当たり前田のクラッカーと思われる方と、投資家が貯金なんてくだらないと思われる方がいらっしゃると思います。

私も貯金よりも効率のいい方法がたくさんあることは知っています。しかし、「貯金もできないような方」が、借入をして不動産投資をするのは、リスクが大きすぎると思います。

ということで、面白くもなんともありませんが、不動産投資を始める第一歩は、貯金をするという習慣を身に付けることだと思います。

私の場合は、入社2年目の落ち着いた時期に、毎月7万円とボーナス8万円を天引き貯金して、年間100万円貯まるようにしていました。

手取りは20万円くらいでしたが、無借金の中古車に乗り、実家から通っていたので、それでも生活できました。

特別というわけではありませんが、私が実践していたのは天引き貯金です。強制的に引かれるので、残りで生活をすることに務めていれば、自然とお金が貯まります。

「パーキンソンの法則」というものがあります。

その法則によれば、「支出の額は収入の額に達するまで膨張する」のだそうです。

小さい冷蔵庫がいっぱいになったからと、大きい冷蔵庫に買い替えても、すぐにいっぱいになってしまうということです。

わかる〜！　お金ってあればあるだけ使っちゃうよね〜！

という方も多いでしょう。私もそうです。あればあるだけ使ってしまうタイプです。

子供の頃は釣り道具をよく買いました。高校を卒業してすぐの頃はパチンコ屋に貢ぎまくりました。大人になった今は、主に飲み代がかさみます。

飲みに行くと2回に1回は記憶を飛ばすので、その損失は計り知れません（笑）。

ですが、だからこそ、最初から「支出」の欄に天引き貯金を付け加えるのです。

貯金を始めた時の私は、

「3年間は囚人だと思って金を貯めまくるんだ！」


と自分に言い聞かせていました。

そして、気が付くと、21才のころには３００万円が貯金できていました。この頃になると少し心も強くなり、パチンコもタバコも卒業できました。

③ 株とFXで貯金が300万↓ゼロに！最後に辿り着いた不動産投資

まず、貯金で作った300万円を何に使おうか？

車を買うとか、バイクを買うとか、そういうことは考えませんでした。なぜなら、これは、雪だるまの核となるお金。軍資金です。

このお金で金の卵を産むニワトリを作らなければいけないのです。

そこで、最初に挑戦したのは、株でした。

しかし、厳しい世界です。最初は数十万円儲けましたが、その後はお金が減る一方だったので、撤退しました（今は現物株を少しと、持ち株会、優待狙いの物だけやっています）。

一時期は相当減ったものの、なんとか持ち直して、株から撤退したころには、また300万円くらいのお金を残せました。

そこで不動産投資を始めればよかったのですが、当時、マネー誌などでFX長者が話題になっていたのを見て、「オレも一山当ててやる！」と鼻息荒く、今度はFX市場に乗り込んでしまいました。

その結果・・・2008年のサブプライムショックで300万円全額を溶かしました（爆）。

その日は女の子とディズニー旅行の最中で、朝から心も体もワクワクしていましたが、FXのサイトにログインした途端に頭の中が真っ白になりました。

「画面の数字が真っ赤だよ、ハハッ」っとミッキーの声がどこから聞こえてきて、夢の世界から現実に引き戻されたのです。

FXはロスカットといって、損失が膨らむ前に強制決済になり基本ゼロ以下にはならないのですが、急激な相場の場合、反対売買が間に合わず口座の中身はマイナス表示（赤色）になります。

あとから入金して損失を消すという悲しい結果になるので、信用取引は怖いな・・・と思いました。

FXでは、一度決めたルールを貫き通せないダメさだったり、損を取り戻すまで手を引けない欲深さだったり、自分の中の弱い部分をイヤというほど見せられました。

一攫千金を狙い、値動きの激しいポンドばかり大量に買っていたのですから、今思えば失敗は必然です。

賢い気分になってドルだポンドだ言っていましたが、実際にはパチンコと同じような「運まかせ」の投機になっていました。

その他にも、仕事中も値動きが気になって携帯電話を見てしまうなど、生活にも悪い影響が出てしまい、自分には向かないと結論づけました。


コツコツ貯めたお金ですが、消えるときは一瞬です。大金を失ったのを機にFXからは手を引き、今度は、不動産投資を始めようと決めました（懲りないのです）。

『金持ち父さん・貧乏父さん』を読んだとき、不動産投資家になることにあこがれたのですが、自分の中に、「不動産投資は資産家やエリートサラリーマンがやること」という思い込みがあり、参入障壁も高く腰が引けていました。

しかし、もうそんなことは言っていられません。

株もダメ、FXもダメなら、サラリーマンに残された道はネットワークビジネスと不動産投資くらいです。

しかし、私はネットワークビジネスにはいいイメージがありませんでしたし、セミナーに友達を連れて行って、先輩と一緒に入会を迫り、健康食品やらなんやらを買ってもらって、そこから何パーセントかの収入を得て、またセミナーに誰かを連れて行って（以下続く・・・）とか、そんなことをやっている時間もありませんでした。第一に大切な仲間や友達を失います。

そんなわけで、お金持ちになることを夢見る23才の私に残された道は、「不動産投資で成功すること」しか、なかったのです。

4 勉強会に入ってメンタルブロックが外れる

不動産投資に興味を持った私は、手当たり次第に当時、発売されていた不動産投資の書籍を30冊程読んでみました。

その中で衝撃だったのが、加藤ひろゆきさんが書かれた『借金ナシではじめる激安アパート経営』（ぱる出版）でした。

これなら自分にも出来るかもと思い、インターネットで物件を検索していましたが、なかなか激安物件はありませんでした。

そんな時、地元の駅前に売土地を発見しました。

駅から徒歩1分と場所が良いため惚れ込んでしまいました。

将来的に家を建てる予定だからと金融機関に住宅ローンを申し込み土地だけ購入しました。

駅から近いのでまず駐車場にして時間を稼ごうかと思いました。

返済が3・5万に対し、2台駐車場が決まり8千円で、マイナスのキャッシュフロー2・7万円です（ドヤ顔！）。

激安物件でもないですし、借金を組んでいますし、これでは加藤ひろゆきさんの教えからブレまくりです。最初の物件は失敗する（今の自分なら買わない）とよく言われますが、その通りでした。

いろいろ活動する過程で、私と同じ富山県に住む投資家の吉川英一さんを発見しました。

吉川さんは、すでに何冊も本を出していました。

不動産投資だけでなく、株でも成果を上げているすごい人でした。

「自分と同じ富山に、こんな人がいるなんて！」と夢中になって吉川さんのブログを読みました。

すると、アパートの内見会を行うと書いてあったので、思い切って参加してみました。

当時、本を書いている人は天空人だと思ってたので、自己肯定感も低い自分は、お会いした時は足がガクガクして、冬だというのに全身から滝汗をかいていました。

内見会では、23才という若さという珍しさもあり、みんな親切にしてくれました。

そこで人生を変えた温泉合宿に誘って頂き、その後、セミナーや勉強会に参加させてもらうようになり、自分にもできるかも、という気がしてきました。

俺もまずは一軒、買ってみよう！

気づくと、自分の中のマインドブロックが外れていました。

これは、自己啓発書を読んでいただけでは、叶わなかったことです。

実際に自分と同じ富山県に住んでいる人たちが、自分の目指す本業以外の収入を得て、豊かになっているという実態を目の当たりにしたことで、不動産投資に対する可能性とチャンスを実感することが出来ました。

また、勢いで購入していた駐車場も「会社員なら、融資も利用できるし」「こうい

う やり方で、こういう物件を買ったらいいいんじゃない？」と具体的なアドバイスをもらえたことで、活用法が見えてきました。

その時に思ったのは、「物件ゼロ」の状態で飛び込んだ方が、もっと良い方法があったたろうということです。

しかし、購入していなければ出会っていなかったかもしれないので、行動は大事だと思います。タラレバですね。

このときの経験から、一人であれこれと考えて前に進めないでいる人には、勉強会に入ることをおすすめします。

その中で、「この人のようになりたい」というメンターが見つかれば、最短速度で目標に近づくきっかけになります。

ただし、勉強会といいながら、実は素人に物件を売り込むビジネス目的という会も多いので、そこは要注意です。

ひとつの見分け方としては、その地元で長く続いている会で、メンバーの目がぎらついていないということがあります。

会長やメンバーのブログやフェイスブックの書き込みなどを見ても会の雰囲気がわ

かるので、自分に合うかどうか、下調べをしてから参加してみるといいと思います。

5 不動産投資で成功しているメンターや先輩と付き合う

不動産投資で成功するにはどうすればいいと思いますか？

と訊かれたとき、すぐに思い浮かぶのは、「正しい目標設定」と、「いいメンターを選ぶこと」です。

メンターというのは、お手本でもあり、先生でもあります。

私の場合、吉川英一さんは「何をすればいいのか」を教えてくれる先生で、加藤ひろゆきさんは「こんな風になりたい」というお手本といえます。

独学で進めるのももちろん悪くありませんが、その場合にも勉強会などで、相談できる「不動産投資で成功している先輩や友人」を作っておくことをおすすめします。

私が過去に話をした大家さんの中には、「どうしてそんな物件買ったの？」と心配になるような人も少なからずいました。

そういう人の多くは、物件を一つも持っていない不動産会社の人が言った「いい物件ですよ」という言葉を信じて買っています。しかし、そんな言葉は何の参考にもなりません。

相談する相手によって、そのアドバイスは大きく変わってきます。

相談する相手を間違えてはいけません！

ポイントとしては、しつこいようですが、不動産投資で成功している人で、目が優しい人（笑）がいいと思います。

前の項目で勉強会に入ることをすすめましたが、そういうところでの評判もとても重要です。悪い噂はすぐに広まるので、実績もないのに偉そうなことを言っていたり、顧客をお金儲けの道具にしか思っていないコンサルタントを排除することができます。

ちなみに、私は不動産投資をすることを両親には相談しませんでした。

金持ち父さんの本にも書いてありますが、「一番高くつくのは、投資をしたこともない人たちの無料のアドバイスだ」と思ったからです。

やったこともない人に、「危ないからやめろ！」と言われるのも嫌ですし、それでヤル気をなくすのも嫌でした。

報告は、成功してからでも遅くないと思っています。成功してからなら、反対されることもなければ、余計な心配をかけることもありません。

6 最初は小さく始めよう

最初は小さな目標を立てて、少しずつ大きな規模に挑戦するのがおすすめです。

個人的には、最初の投資から億を超える案件に手を出すのは危険だと思います。（1億の返済を簡単に出来る年収の方ならＯＫでしょうが）。

私もビビりながらですが、小分けの融資を積み重ね、気付けばトータルで「億」を超えるステージに来ました。

常に色々なリスクはありますが、中古の物件で訓練してきたので、客付や管理などある程度ノウハウがありますし、相談できる仲間もいるため、安定的に運営できています。

大事なのは〝退場しない〟ことです。

私のような工場勤めの人間は、儲からない物件を買って、収支が持ち出しになったりしたら、一発でアウトです。年収1000万円以上のエリートサラリーマンのように、給料で補填してなんとか生き延びるということができません。

ですから、少しずつ不動産投資のスキルと資産を増やしながら、規模も拡大していくというやり方でリスクを抑えるしかないのです。

不動産投資の勉強を始めると、早く物件が欲しい、大きな物件が欲しい、という焦りが大きくなる時期があります。

その気持ちをコントロールして、メンターや先輩の厳しい言葉を素直に受け入れて、まずは練習のつもりで小さく始めましょう。

小さい物件なら、もしダメな物件だった場合も売りやすいので、ダメージを抑えられます。

コツコツやっていたら、いつの間にかお金持ちになっていた！　というのが理想だと思います。

私も勇気を出して、本当によかったと思っています。あ、色々書きましたが、最後はエイヤーの勢いですよ！（笑）。

【1章 "ふんどし王子"の格言！】
・天引き貯金で「雪だるまの核」となるお金を作る！
・勉強会や物件見学会で先を行く不動産投資家と交流する！
・似た境遇の成功者との交流で「メンタルブロック」を外す！
・相談相手を選ぶときは周囲の評判も参考にする！
・一棟目は小さな物件からスタート！

○ふんどしメモ
実際に不動産投資で成功している人に出会うことで、「無理だろう」という気持ちが「自分にもできるかも」に変わることの効果は計り知れない。パソコンや本での情報収集から一歩抜け出して、見学会や勉強会などに参加することは成功への必須条件！

第2章

無借金で手元の資金を増やす方法

不動産投資を始めたいけれど、資金がない、という人は多いと思います。

ここまで読んで、「貯金がないから自分には無理」と思った人もいるかもしれません。

しかし、あきらめる必要はありません。

現代は、サラリーマンが本業以外でお金を稼げる方法がいくつもあります。

この章では、少ない元手をうまく活用して、自己資金を増やす方法を紹介します。

私自身や、私の友人たちが実践した方法を中心に紹介するので、参考にしてみてください。

①法人をつくり、区分マンションの転売で資金を増やす

一つ目は、少額の区分マンションの転売です。

これは私自身も実践したことで、やり方は難しくありません。


まず、必須条件として法人を作ります。

私の場合は、兄と100万円ずつ出し合い、200万で法人を作りました。そして、その資本金で、中古の区分マンションを現金購入しました。

購入した区分は、ネット上のポータルサイトで見つけた空室のワンルームです。価格は145万円で、想定利回りは約30％です。

私は売値が固定資産税評価額より低いことを一つの「安い」という基準にしているのですが、この物件もそうでした。

不動産会社に問い合わせを入れて、中を見せてもらうと、壁や床がきれいで、リフォーム代もそんなにかからない感じでした。

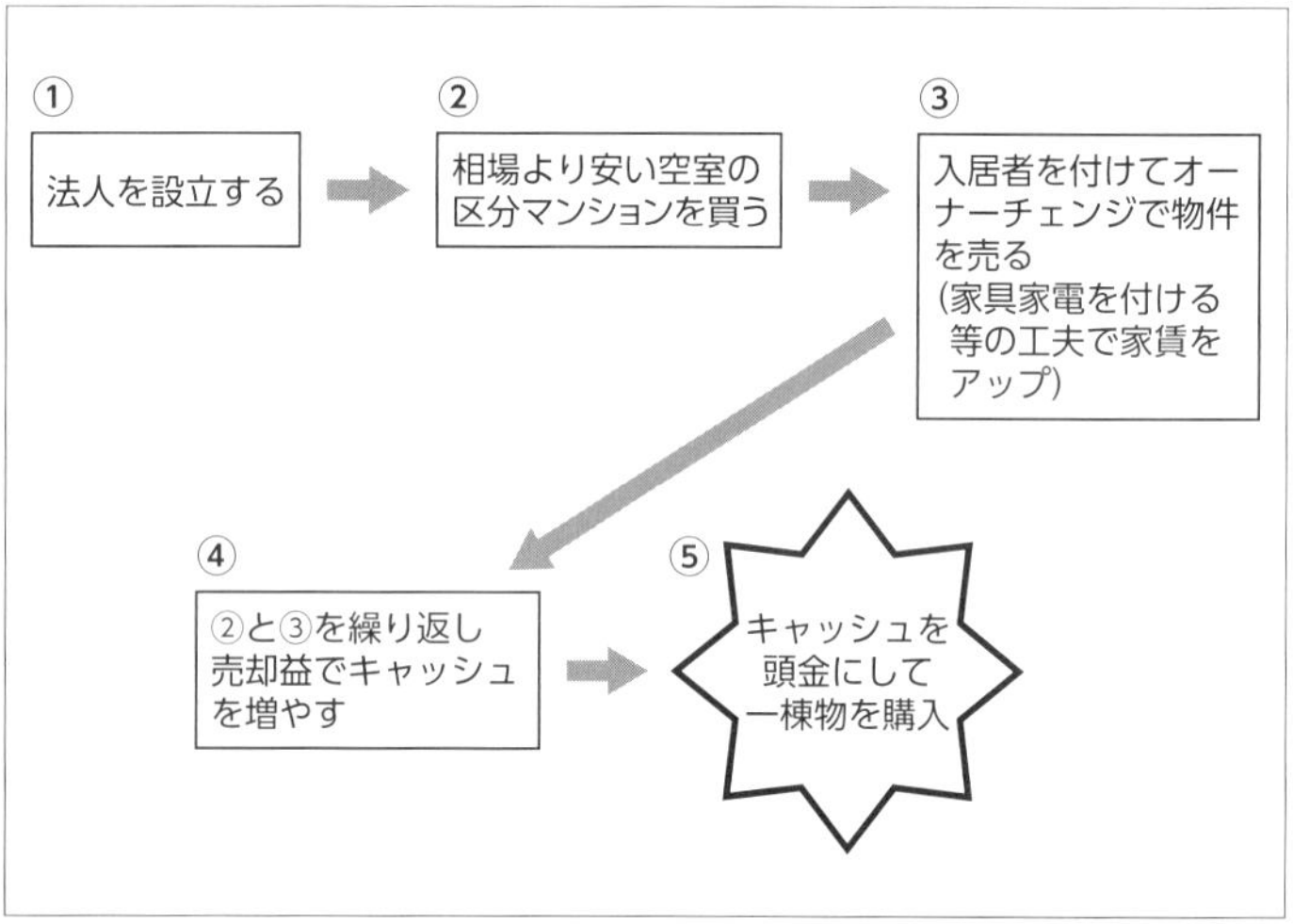
①
法人を設立する
②
相場より安い空室の区分マンションを買う
③
入居者を付けてオーナーチェンジで物件を売る
(家具家電を付ける等の工夫で家賃をアップ)
④
②と③を繰り返し売却益でキャッシュを増やす
⑤
キャッシュを頭金にして一棟物を購入

そこで、140万円で買い付けを入れるとすんなり通り、そのまま購入しました。

購入後は故障していた設備を直し、電気コンロを交換し、カラーモニターフォンを設置して、徹底的に掃除を行いました。

すると、4年制大学の新1年生の方が入居してくれました。

家賃は3・4万円だったので、リフォーム後の表面利回りは24%になりました。

この物件を2年間保有した後で、230万で売却しました。

小さな物件ですが、購入から2年で、家賃収入と売却益を合わせると、最初のお金は2倍程度に増えたことになります。

区分マンション投資では、早く・高く入

居者を決めるために、次のようなことをすることもあります。

・敷金礼金ゼロゼロ
・家具家電つき（家電家具レンタル3000円）

家具家電つきというとお金がかかりそうですが、安くやる方法もあります。

例えば、実際に家具家電つきにしたワンルームの物件では、冷蔵庫と電子レンジは、妻の実家で余っていたものをもらいましたし、洗濯機は一人暮らしをしていた時に使っていたもの、パイプベッドは実家で余っていたものを使いました（笑）。

購入したものは、レースカーテン、パイプベットの上に敷く薄いマットレス、布団くらいで、すべて、お値段以上、ニトリで買いました。

また最近では、「ジモティー」（http://jmty.jp/all）というサイトで中古の家具や家電も安く出品されています。

洗濯機や冷蔵庫が3000～5000円程度で、中には取りに来てくれる人限定で無料というものもあります。（ヤフオクでも同じような取引がありますね）

つまり、誰かの「粗大ゴミ」は誰かの「必要」なのです（笑）。

新築、新品志向の方や、潔癖症の方も中にはいらっしゃいますが、安ければ中古でいいとか、あまり気にしない人もいらっしゃいます。

あるべきところに、あるべきものがあれば死産が資産になったり、収益を生んだり、付加価値になったりします！　そして環境にもいいエコビジネスなのです（笑）。

家具家電を揃えた後は、芳香剤とスリッパを設置しました。

その他に、入居者プレゼントとして、貰い物のタオルと入浴剤、粗品で貰った洗剤、自分で購入した洗濯の洗剤、石けん、歯ブラシ、非常食としてカップラーメンを準備しました。

また、ダメ押しで、4万円で買った32インチのテレビ（レグザ）を設置しました。

一気にやった訳ではなく、決まるまで少しずつ行動していたら、こうなりました。

使ったお金はほとんどがテレビ購入費で、合計6万円くらいです。

この部屋は、4万円で男性の社会人の方が申し込みを入れてくれました。

人間はオマケに弱いのです（笑）。迷っている方の最後一押しになるかもしれません。


この手法のポイントは、相場より安く買って、相場並みで売ることです。


これは一見、難しそうに見えますが、そうでもありません。

自分のターゲットのエリアの売り物件を毎日のように見ていると、「この場所でこの広さでこの築年数ならいくらくらい」という相場がわかるようになります。

もっとわかりやすい例でいえば、同じマンションでいくつも売りに出ているのに、一つだけ安い部屋が出てくるときがあります。

売主さんが急いでいるとか、値付け間違いとか、理由はいろいろですが、そういう相場よりも低い物件が出たときがチャンスです。

サクッと買い付けを入れましょう。

その後、最低限のリフォームで入居者さんを見つけて、相場並の価格でオーナーチェンジ物件として売りに出せば、欲しい人が現れます。

売りに出す場所としては、たくさんの投資家が見ている「健美家」などの不動産投資ポータルサイトがいいでしょう。（健美家　https://www.kenbiya.com/）

私は不動産投資を始めた初期の頃、この方法で3戸の区分マンションを購入・賃貸・売却して、自己資金を増やしました（購入してから1年以上賃貸で回すなど宅建業法に違反しないように注意が必要です）。

私の知り合いでも、この手法でボロ戸建や区分マンションを売買し、着々と手持ち資金を増やしている人がいます。

中古の区分所有など金額は小さくても購入、修繕、客付、自主管理、売却と、大きな物件とやることは一緒です。小さなリスクで、一通りの経験と、実績が手に入ります。


いきなり、大きな賭けに出るのではなく、小さく始めて、大きく増やしていきましょう！

ちなみに、私が最初は区分マンションから始めたのに、なぜその後は区分マンション投資をメインにしなかったかというと、私のような庶民が現金買いできる物件は、管理費・修繕費を引くと手元に残るのはごくわずかな金額だからです。（区分マンションに融資を出す金融機関もあるにはありますが、金利が高めですし、日本政策金融公庫場合は融資期間が短いという問題もあります）。

これでは、目標である「お金持ち」になるまでに、手間や時間がかかりすぎます。老後の年金代わりや、お小遣いとしてなら、「〇〇万円くらいで売れる」という出口が見えやすい区分マンション投資ももちろんアリなのでしょう。

しかし、不動産投資でお金持ちになってやるという野望に燃えた（笑）私には合わなかった、という話です。

とはいえ、こうして自己資金を増やすのに役立ってくれましたので、大切なのは「何のためにどう活用するか」だと思います。

❷ 安いボロ戸建を買って賃貸に出す

田舎のボロ戸建は、驚くほど安く買えるものがあります。

私もこれまで、65万円の戸建、50万円の戸建、200万円のガレージつき戸建を買いました。

これらを仲間の協力で安くリフォームした後、賃貸に出して家賃収入を得るというやり方で、4万〜6万円の収入をコツコツと積み上げることができます。

写真は65万円で買った戸建です。最初に購入した時は、外観は古臭く、内部は残置物盛りだくさんの、ジャングル状態でした。

それを、庭師の友達に頼んで開墾し、駐車3台可能にしました。(木の伐採、整地、溝の補修、鉄板で約25万円)。

外壁は投資家仲間のぺんき屋・ぺんちゃんに頼み、一回塗りだけお願いしました。平屋で足場も必要なかったので激安の7万円でお願いできました。

よく、「そんなに安い物件を売っているのを見たことがない」と言われるのですが、確かに、ネットにはほとんど出ていません。
100万円を切るような戸建は、不動産屋さんは扱ってもお金にならず、むしろ手間ばかりかかるので、オフィシャルな売り物件としては扱わないケースが多いのです。
ではどうやってボロ戸建を入手するかですが、ネットに出ている安めの価格の物件に指し値を入れて激安物件にする、というのが一つの王道です。
65万円戸建ても、最初は150万円でネットに出ていたものです。しかし、あまりにもボロいので、「解体費用の100万円分を引いて50万円にしてください」と交渉し、最終的に65万円になりました。

あまりにもボロいと書きましたが、どのくらいボロいかというと、ほぼ廃墟状態でした。庭がジャングル状態なのは当たり前で、玄関のたたきにもぺんぺん草が生えていました（笑）。

これをジブリの映画のラピュタにそっくりだったので、『ラピュタハウス』と名付けて、よくその物件をリフォームしながら「バルス！」（ラピュタに出てくる全てを消し去る呪文）と叫んでいました。

このくらいのボロ物件でも、水回りが生きていれば、リフォームで再生できます。

ゴミにお金を出すみたいで勇気がいりますが、悪い魔法使いの魔法でガマカエルに変えられているお姫様にプロポーズするみたいな気持ちで、買い付けを入れましょう。

結果、ガマガエルにキスする羽目になることもありますが・・・（笑）。

ここで注意したいのは、いくらボロでも借り手のいない山の上の物件などは買ってはいけないということです。

私の買っているボロ物件は、立地だけはそう悪くありません。

駐車場付きで、ペット可にして、国籍も職業も不問にすれば、住みたい人は必ずいるということを見込んだ上で買っています。

そういう意味では、ボロ物件は地の利のあるところに買うのがいいと思います。

田舎住みの方や、地方に実家がある方は、探してみるといいかもしれません。

もうひとつのボロ戸建の買い方は、紹介や口コミです。

50万円の戸建は、65万の戸建を直す際にお世話になったガス会社の担当者さんから「知り合いで、古い家を持て余している人がいる」というお話をいただいたことから、

購入に至りました。

もともとは、「200万円くらいで買ってくれる人を探している」という話でしたが、聞こえないふりをして（笑）、「50万円なら」と言うとすんなり話が通りました。

再建築不可で、未登記物件、おまけに中身はそうとう朽ち果てていましたが、リフォームをしたら家賃4万円で入居が決まりました。表面利回りは96％です。

ガス会社の担当者さんに、「安い物件を探している」と伝えていたのが奏功しました。

これを私は「ボロ物件がボロ物件を呼ぶ法則」と名付けています。

ポイントは、「うるさいことを言わない客」になることです。

買った後にアチコチ壊れているリスクがあるのも含めて、その価格なのですから、残置物も荒れ放題の庭もありがたくいただいて、あとは自分でなんとかしましょう。

むしろ、残置物を磨いたり、ペンキで塗装するなどして、家具付きとして取り入るくらいの気概を持ちましょう（笑）。

ボロ戸建の客付けは、心配される方も多いでしょうが、実はそれほど難しくありません。

キレイさよりも広さを求める層はどのエリアにも一定以上いますので、不動産屋さんでも最低限のリフォームをしておけば扱ってくれます。

また、前述の「ジモティー」でも合わせて募集すると、意外と問い合わせが入るものです。（ただし、ジモティーからの申し込みは、不動産会社のブラックリストに載っている人も多いので、保証会社をつけることは必須にしています）。

入居後のクレームを減らす方法ですが、「自由に改造可能物件」として貸し出すのが効果的です。

「リフォームなしの、原状渡し」と書くとネガティブな感じですが、「自由に改造可能」と書くと、ポジティブな感じになるのが面白いですね。ものは言いようです(笑)。

50万円の戸建もこのやり方で入居者さんに入ってもらいましたが、不具合があると自分で直して住んでくれています。

補足ですが、古い建物は修繕費や、自然災害などに対してリスクがあります。

そのため、私は火災保険の汚損、破損などをフルオプションで加入するようにしています。

ちなみに、50万円の戸建の保険の評価額は1200万円でした(驚)。

3 やや安い戸建を現金で買ったあと、日本政策金融公庫で融資を受ける

私は50万円の戸建、65万円の戸建の他に、200万円のガレージ付きの戸建ても持っています。他の物件に比べると少し高価ですが、こちらも現金で買いました。

ただし、この物件は現金で買った後に、日本政策金融公庫から無担保、無保証で

300万円の融資を受けました。期間は10年で、金利は全期間固定の2・25％です。返済は約3万円で、家賃6・5万円で入居付けしたので、毎月3・5万円のキャッシュフローができます。

年間78万円の家賃が入れば、諸経費等含めても約5年で回収可能です。

その時点で一般の人に400万円くらいで売却すれば、キャピタルゲインも出ます。（リフォームするので家の価値も上がっています）。

無担保の物件なので、物件を担保にいれれば、さらに借入も出来ます。

別の物件を買うときの共同担保に使うこともできるでしょう。

無借金の不動産投資は安心ですが、時間がかかります。だからといって、大きな借金をして一棟物を買うのも抵抗があるという人に、おすすめの方法です。

④ 他人の物件を安く借りて転貸する

自分で物件を買うお金がないなら、人の持っている物件を安く借りて、それを転貸し、賃料収入を得るというやり方もあります。

私自身はこの経験はありませんが、私の投資家仲間のポールさんが、前述の65万円戸建を使って、このやり方を実践しています。

具体的には私の所有する戸建を大家仲間のポールさんが「自身の経験値を上げるため」に自腹（30万円程度）を切って残置物撤去、ＤＩＹリフォームをして、それを賃貸に出すという方法です。

この家は、ポールさんのＤＩＹリフォームと営業努力の甲斐あり、4万円で入居者が決まりました。

原価は本体、リフォーム、諸経費の合計で１３０万円程度でしたので、利回りは約36・9％です。

出費は年間の固定資産税が8千円で（軽自動車より安い！）、1万円の県民共済の火災共済をかけたら、あとは手残りです。

4万円の家賃は、ポールさんと私で、2万円ずつ山分けにしています。

ポールさんから見ると、30万円の費用と自身の労働力で、毎月2万円の収入を得たことになります。

私も安く物件を再生してもらえて、大変感謝しています。

家賃を山分けして二人でニヤニヤしたとき、「オレたち、自己啓発本とかによく出てくる『ウィン・ウィン』を体現しているな！」と思いました（笑）。

ちなみにその後、ポールさんは自身でボロ戸建を購入し、超絶スピーディなセルフリフォームを経て、入居者を決めるという成功法則を編み出し、ジワジワとお金持ちになっています。（このポールさんの体験談は、本書の後半にも出てくるのでご参照ください）。

5 気軽にできるメルカリとヤフオク

細かい作業が苦にならないなら、メルカリやヤフオクで不用品を出品して、お金を稼ぐという方法もあります。

先ほども登場した投資家仲間のポールさんは、本業の合間に片手間で始めたメルカリで総額500万円も稼いでいます。（メルカリで資金を増やした方法は本省の後半で紹介してもらっています）。

また、ヤフオクで稼ぐ方法としては、バイクのパーツなどを出品して2億円も売り上げた竹内かなとさんが有名です。

著書『新版　働かずに年収333万円を手にいれて「幸せ」に暮らそう！』（ごま書房新社）でも書かれているように、竹内さんはヤフオクで得た資金を元手に競売を始め、現在は家賃収入だけで生活しています。

竹内さんのヤフオクや不動産投資の話は先のご著書で細かく説明されているので、マメな作業が苦にならない方は、ぜひ本を読んでいただき挑戦してみるといいと思います！

6 ダブルワークがしやすい時代

体力に自信がある人は、本業の他にアルバイトで稼ぐという方法もあります。

残業のない職場なら、平日の夜に働けるかもしれませんし、週末に時間をとれるなら、週末だけ短期のバイトを入れて働くという方法もあります。

定番は引っ越等の力仕事ですが、頭脳に自信がある人は家庭教師等もいいと思います。

人に教えられるような特技がある人は、「ココナラ」や「タイムチケット」のサービスを使って、1時間〇〇〇円という形でコンサルタント的なことをするのもアリでしょう。

余っている部屋がある人は「Airbnb」に登録するという方法もあります。

〇ココナラ　https://coconala.com/
〇タイムチケット　https://www.timeticket.jp/

○Airbnb　https://www.airbnb.jp/

昔と違って、今はネットを使い、直接自分のできることや不用品を欲しい人に売ることができます。

そういう意味では副業はやりやすい時代だと思います。

本業の仕事をがんばれば、給料が上がるという人ばかりではありません。というか、本業の仕事はいくらがんばっても、なかなか収入に結びつかないのが現実です。

なんでもかんでも手を出して体力と時間を奪われてしまうのはどうかと思いますが、ここで紹介したような副業で稼ぐ方法を紹介した本や雑誌は書店にいけばいくらでも手に入りますので、自己資金がないという方は、何か始めてみるといいでしょう。

楽ではないと思いますが、ある程度のお金ができて、不動産投資を始めれば、努力は報われます。

⑦ 法人設立のメリットは「融資」と「保証人」と「経費」

私が区分マンションを買ったときに、新規法人を設立した理由をお伝えします。

私がわざわざ新設法人を作り、その法人で区分マンションを購入したのは、法人で買うと、個人で買った場合と違い、短期譲渡の制限が外れるからです（個人で買った物件は5年以内に売却すると売却益に対して39％の税金がかかり、5年以上だと20％になります。）

法人の場合だと年数に関係なく、家賃収入や売却益から経費を引いた金額に対して税金がかかります。

区分マンションは最初から短期での売却を想定していたため、法人で買ったのです。

また、大家の先輩たちの話を聞く中で、「個人で物件を買い増していくと、収入が本業と加算されるため、税金の負担が重くなる。後で法人を作って、個人の物件をそちらに売る場合にも、登記費用や、不動産取得税などがかかってもったいない。こんなことなら、最初から法人で物件を買っておけばよかった」という話を聞くことが多かったという理由もあります。

その他にも、早期に法人を設立するメリットはいくつもあります。

例えば、法人で物件を買って賃貸業を行うと、自分が法人代表としてビジネスをしたという「実績」になります。

私は不動産投資の勉強をする上で、金融機関から融資を引いて不動産を買うことが、短期間で規模を拡大するためには必須であると感じていました。

そこで、早い段階で法人を設立して、実績を重ねておくことで、法人で融資を引ける体制を作ることを目指していました。

実績のない新規法人にお金を貸す金融機関もありますが、なんの実績もない会社より、事業として実態がある方が有利であることは言うまでもありません。（実際に、区分購入から1年以内に、設立した法人で日本政策金融公庫から2500万円の融資を引き、8戸のアパートを購入できました）。

多くの方にとってハードルとなる「保証人」の問題にも一役買ってくれます。

個人で物件を買うと、通常は保証人を求められます。私は最初のアパートを個人で買いましたが、このときは兄が保証人になってくれました。しかし、いつも申し訳ない気持ちがありました。

その点、法人の場合は、法人で融資を受けて、個人（代表者である自分）が保証人になるという手法が通用します。これなら、すべて自分の責任ですので、気が楽です。

あと、「社長」と呼んでもらえるのが、地味に嬉しかったりします（笑）。

私は株式会社を設立しましたが、合同会社（LLC）でも十分だったと思います。

もちろん、法人設立はメリットばかりではありません。

法人の設立費用や、税理士報酬がかかるなどのデメリットもあります。

それでも、規模を大きくしていこうと思われる方や低属性の方は、早期に設立して実績を積んでいくのが良いと思います。

個人で不動産賃貸業をおこなったり法人を作ったりすると、他にも「経費計上できる幅が広がる」という大きなメリットがあります。

そのこと自体が法人を作る目的ではありませんが、無視できないメリットだと思います。

具体的には、サラリーマンには経費は認められませんが、不動産賃貸業をしていると金利、通信費、交通費（ガソリン代）、関連書籍等が経費として認められます。

自宅が賃貸なら、すべてではありませんが、家賃や光熱費だって経費になります。（家事按分と言って個人的に使用した部分と、不動産投資に使用した部分をわけて経費計上することになります）。

一般的な個人事業主は、半分程度を経費計上しているそうですが、これはあなどれない金額ではないでしょうか。

また、サラリーマンは「年収」に対して税金がかかりますが、事業主は「利益」に対して税金がかかります。（売上－経費＝利益）

つまり、経費計上を多くすれば、利益が減り税金が安くなるということです。

「収入」と「可処分所得」（実際に使えるお金）は違います。

中小企業の社長の年収が２００万円だったとしても、実は社有車に乗って、会社の携帯電話を使って、飲み会の参加費は接待交際費として落として、生命保険も会社名義で入っているなら、実際に使える自由なお金は、かなり多いかもしれません。

さらに、社会的には年収は２００万円なので、税金、社会保障費、保育料金はとても安くなったりします。

このあたりのことは橘玲さんの『貧乏はお金持ち』（講談社）など、専門の書籍が多く出ています。興味がある方はネットで調べてみるか、関係書籍を読んでみてください。

きっと、法人を設立したくなると思います（笑）。

【2章 "ふんどし王子" の格言！】
・区分マンションの短期転売で資金を増やす！
・安いボロ物件を買って高利回り物件に仕上げる！
・戸建を現金で購入後、日本政策金融公庫で融資を受ける！
・マメなタイプならメルカリとヤフオク！
・体力に自信があるならダブルワーク！
・法人を設立することのメリットを知る！

○ふんどしメモ
まずは、あらゆる手段で自己資金を貯めよう。

安い区分や戸建であっても、会社からの給料以外の方法で収入を得たという経験は、大きな自信につながる。法人を設立すると、労働者の思考に経営者の思考が加わり、世界が一気に広がる。

第3章

元手100万円！“ふんどし王子”印の「不動産投資」のはじめ方

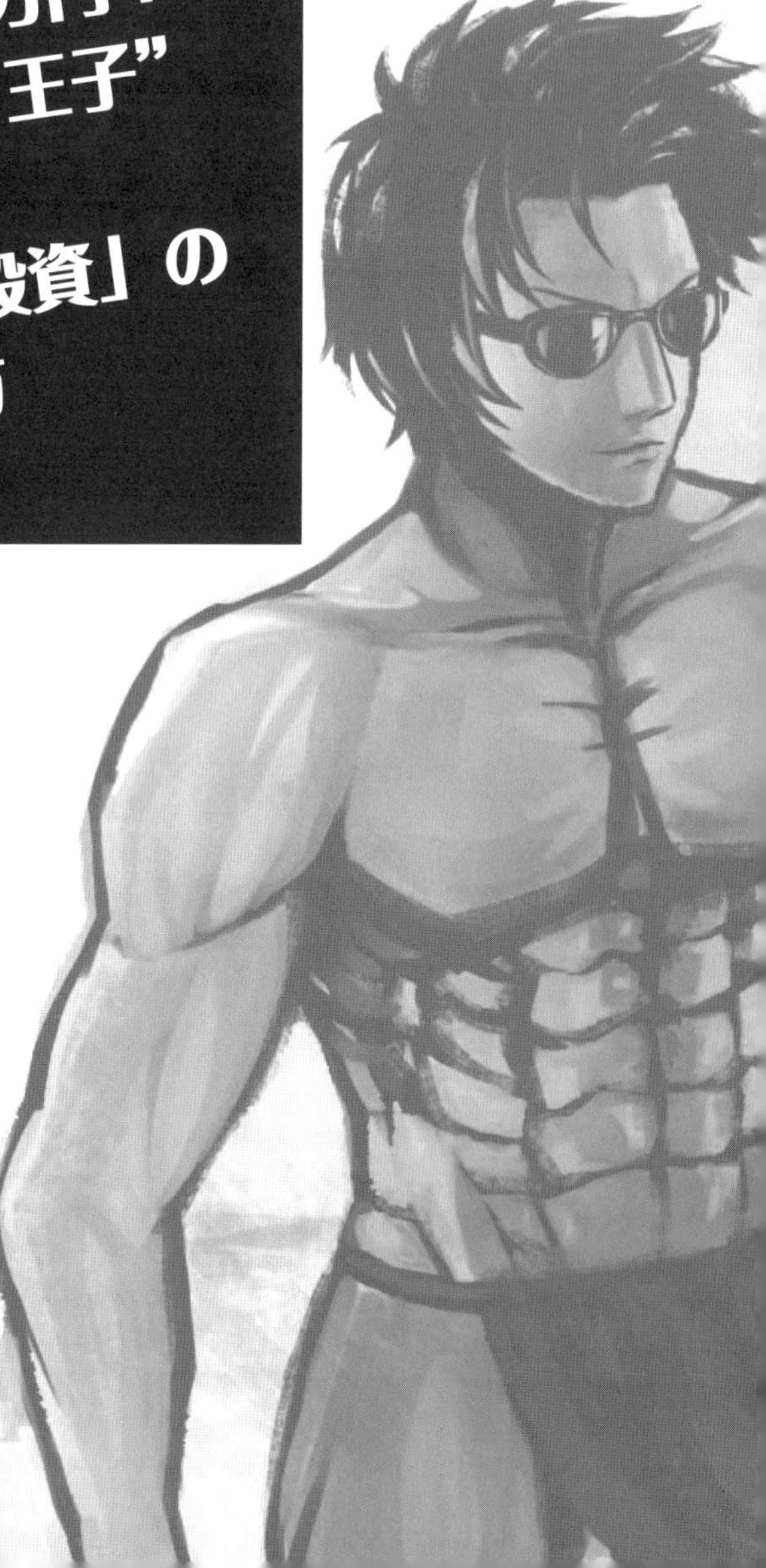

前の章では、私の仲間が自己資金を貯めた方法を紹介しましたが、この章では、私自身の例を紹介したいと思います。

収益物件を買うと決めた24才の私でしたが、遊びたい盛りの青春を犠牲にして貯めたお金は株やFXでぐんぐん減り、不動産投資を始めたときには、わずか100万円になっていました。

当時、「不動産投資を始めるには1000万円は必要」といわれていました。私のような人間がそこに辿り着くまでには、何年かかるのか、気が遠くなりそうです。

待ちきれなかった私は、100万円を元手に、実際に不動産投資を始めてみることにしました。

早く始めることにより、「経験」を積み、「実績」を得ることで、コツコツと貯金するよりも効率よく、資産を増やせるかもと考えた末のチャレンジです！

①賃貸併用住宅なら、住居費を抑えつつ大家業の経験を積むことができる

自己資金100万円からできる不動産投資なんてあるの？　と思う人もいるでしょう。

あります。私の場合は、住宅ローンを使って賃貸併用住宅を建てました。

前述した通り、土地は購入済みでした（駐車場として貸していました）。

賃貸併用住宅というのは、自宅にアパート部分がついていて、アパート部分から賃料を得られる住宅のことです。

当時、同級生の友人がマイカーローンで500万円くらい使っていました。

それを見て「うわぁ～（やべぇ～）」と思いつつ、同時に、こんな無茶なローンが通るということは、担保のある住宅ローンなら、もっと大きい金額が通るのでは？　と思いました。

そして、私は23才の時、保証人もなしで、土地・建物で2500万円を借りて、二世帯の賃貸併用住宅を建てたのです。

1）借金の恐怖を乗り越えた方法

賃貸併用住宅は住宅ローンが使えるので、3年以上の勤続年数のある会社員なら、通すのは難しくありません。（しかし、賃貸併用住宅を扱わない金融機関もあるそうなので、ネットで事前に調べたり、工務店に相談したりして、通りやすいところにお願いするのがいいと思います）。

とはいえ、人並みに借金に対するハードルもありました。「借金＝悪」だという思考もありました。

火災が起きたら大変。
自殺でもされたら大変。
クレーマーが住んだら大変。
空室が続いたら大変。
ヤ〇ザが住んでしまったら大変。
ガス爆発が起きて、入居者が吹き飛ばされてバラバラになったら、俺のせい。

こんな不安で頭がいっぱいになった夜もあります。

恐怖心をどうやって小さくしたかというと、「最悪の状態になってもここまでだな」ということを想定しました。具体的には、買う前に、次のようなことをシミュレーションし、数字に出せるものは出しました。

・ローン返済はできるか
・買ってすぐに売った場合はいくらになるか
・失敗しても泣ける金額か
・損切でもいいから撤退できるか
・再起不能にはならないか

この賃貸併用住宅は、土地は1000万で、建物が1500万（諸費用込）の総額2500万円のプランでした。

一般的には賃貸併用住宅の場合は総額が大きくなる傾向にありますが、ローコストな住宅メーカーを使うことにより、年収400万程度の「一般的なサラリーマンが組む住宅ローン程度」に抑えることができました。

住宅ローンなので返済期間は35年で、返済は7万円程度でした。サラリーマンの手取り収入で20万程度ありましたし、1部屋でも入っていれば手出しは出ない計算です。

また、埋まらなければ自分が住めばいいと考えました。

そんな風に、計画が具体的になるほど、リスクやそのカバーの方法が見えてきて、最終的には「これなら、万が一のことがあっても、大丈夫」と思えるようになりました。

2）大義を持つことで恐怖が小さくなる

ホンダの創業者である本田宗一郎さんの本にも勇気をもらいました。本田さんは、会社の規模に対して大きすぎるように見える設備投資をしようとしていたとき、仕事の相棒である藤沢さんと、こんな会話をしたのだそうです。

「現在の売り上げ規模に見合っていない設備投資をする。たしかにリスクは大きい。しかし、我々がダメになっても、この設備は国の利益となろう」

結果的にそのチャレンジはうまくいき、爆発的な利益を生むのですが、最初の段階で、それが絶対だったわけではありません。それでも本田さんが勇気を持って進めたのは、そこに「大義」があったからだと思いました！

そこで私も「住宅メーカーさんや、職人さんや、いろいろな設備メーカーの売り上げになるし、経済にもプラスになるだろう」と考えるようにしました。

今思うと大それたことを考えていましたが、そうやって勇気を出して一歩目を踏み出したのです。

最終的には、人生、上手く行くときもあれば、ダメなこともある。

何よりもまず、「経験値を上げていこう」と考えることにしました。

3）住宅ローンの魅力は金利の低さと返済期間の長さ

赤ちゃんが立ち上がる時、何度失敗しても立ち上がることをやめないのは、絶対に立ち上がれると信じているからだそうです。赤ちゃんが立ち上がる訓練をしている時に、転んで危ないから立ち上がるのをやめろ！　という親はいないと思います。

私も自分は家賃収入を得て豊かになれると信じて、成功するまでやってみようと決めました。

そもそも、住宅ローンは金利が低く、融資期間が長くとれるため、毎月の返済金額

を抑えられるため、借金の中ではリスクは低い部類といえます。（もちろん、高値買いをしてはいけませんが）。

この有利なローンで収益物件を買えるのは、何よりの強みといえます。

私はしばらくこの物件に住み、その後、両方とも貸し出しました（このやり方をヤドカリ投資というそうです）。

返済比率は50％なので、１部屋分がキャッシュフローです。利回りは低いですが、新築で手間が掛からず、毎月５万円ほどの手残りがあります。

この手法は、東田光陽さんの著書『20代・自己資金３００万円。サラリーマン大家さん成功の法則』（あっぷる出版社）を参考にしました。

ただし、収益不動産に住宅ローンを使用する場合は注意が必要です。

銀行に黙って２部屋とも貸し出し、それが見つかれば問題になります。転勤など、理由を説明できるようにするか、事前に金融機関との相談をオススメします。

私の場合、この物件は借換えをしたのですが、借換え先には両方とも賃貸に出していることを伝えてあるので問題はありません。

それでも、住宅ローンの金利の低さと返済期間の長さは魅力的です。

住宅ローンを使える方は、活用する方法を探してみると良いと思います。

② ライフスタイルを見直して自己資金を貯める

住宅ローンを組むための頭金もないという人は、ライフスタイルを見直して、自己資金を貯めることをおすすめします。

同時に、前の章で紹介した自己資金を作る方法を実践すれば、時間とともにお金は増えていきます。

1）家賃、保険、自動車、携帯電話代などの固定費を抑える

節約をすれば、当然ながら、お金の貯まるスピードは加速します。

しかし、人間は弱い生き物です。

「今年こそ貯金するぞ」と正月に日の出を見ながら固く誓ったはずが、気づけばその帰りにパチンコ屋に寄っていたりします。

今月こそ節約しようと決めても、スーパーのチラシをみて特売の店に行くとか、缶コーヒーを買わないとか、コンビニで買い物しないとか、そういう面倒なことは続きませんし、節約できる金額も微々たるものです。

そんなわけで、支出を減らすためには、「自分の意思に頼らない」方法で、「固定費」を削ることがおすすめです。

例えば、独身なら家は実家か、シェアハウス（クリエイターとかアパレルの人が集うおしゃれな方のシェアハウスではなく、地味な方のシェアハウス）に住むことで家賃を節約できます。


保険は世帯構成にもよりますが、掛捨ての共済で十分だと思います。

車は電車がビュンビュンくるような都会なら思い切って手放すのがいいかもしれません。

車がないと生きていけない田舎ではそうはいきませんが、乗る場合にも格安の中古車を選べば、新車を買うよりもずっと出費を抑えられます。

他におすすめなのが、携帯電話をdocomo、au、softbankの三大キャリアから、格安スマホに変えることです。これだけで、月に1万円かかっていたものが2000円になったりします。

自分の生活にいくらかかっているかを一度、整理するために、簡単でいいので家計簿をつけてみるのもいいと思います。

すると、無駄な出費がいかに多いか、気づくのではないでしょうか。

通っていないスポーツクラブや、使っていない携帯電話の有料アプリなどがあれば、迷わず断捨離です。

ランチ代が高い人は、おにぎりと水筒を持って会社にいきましょう。

節約が苦しみから楽しみに変わってきたら、お金持ちに近づいている証拠です。

2）奥さんと力を合わせる

収入を増やすための方法で一番簡単なのは、共働きです。

日本で一番高いのは人件費です。コンビニのバイトを毎週5日間、6時間を1カ月続けると時給が700円だとしても8万4千円になります。(例9時-15時)。すべて貯めれば、年間100万円程度になります。

奥さんの収入はなかったものとして、旦那さんの収入内で生活すれば、まとまったお金が貯まります。

ただし、これを実現するには、パートナーの協力と理解が不可欠ですし、関係が悪いと難しいかもしれません。

我が家の場合、妻は製薬会社の正社員ですが、子供が生まれてからも働いてくれています。

不動産投資を進める上で、夫婦仲が良いというのも大事な「資産」と言えそうです。

ちなみに、私は妻と出会ったときにはもう不動産投資を始めていて、規模は小さいながらもうまくいっていたので、不動産投資については、早い段階で理解してもらえました。

しかし、結婚する少し前に、私が不動産投資をやっていることを（そして借金が6000万円あることを）、妻の両親に伝えたところ、「そんな危ないこと！」と真正面から反対されました。

すると、妻は「頑張っている人の話も聞かないで、なんでそんなこと言うのよ！」と私の味方になってくれました（猛烈に惚れ直しました）。

微妙な立場に置かれた私は、「娘さんに保証人を頼んだりしないので、心配は無用です」と相手のご両親に伝えることで精いっぱいでした。

そんな妻の両親も、今では私の挑戦を理解してくれています。

保証人について付け加えると、自分がやりたくてやっているのですから、心配をかける人や、巻き込む人は少ない方がいいと思っています。

逆に言うと、誰かに無理をお願いしないとできないなら、それはやり方を変える必要があるのかもしれません。

とはいえ、最近は金融機関も保証人をむやみに取らない方向になってきていますし、前述した法人設立など方法はあるので、あきらめない事も大事です。

【3章 ”ふんどし王子“ の格言！】
・賃貸併用住宅ならローンが組みやすく住居費も抑えられる！
・住宅ローンの金利の低さと返済期間の長さを利用する！
・家賃、保険、自動車、携帯電話代などの固定費を抑えてお金を貯める！
・収入を増やすための方法で一番確実なのは共働き！

○ふんどしメモ

普通の人にとっては、人生で最も高価な買い物がマイホーム。そのマイホームについて、投資としての視点を持つ人と、そうでない人とでは、その後の人生に大きな差がつく。住宅ローン、そしてマイホームを不動産投資にうまく活用できないか考えてみよう。

コラム

マイホームの市場価値を知る

すでに夢のマイホームを叶えた方は、自分の住んでいる家の市場価値を知ることが大事です。

「私情価値」は高くても、「市場価値」がどうかはわかりません（笑）。

つまり、いくらで売れるか？　いくらで貸せるか？　を考えて資産価値と、利回りを計算しましょう。

新築の場合は、住んだ瞬間に中古となり2～3割価格が下がると言われております。頭金を入れていない場合は、債務超過状態になっているかもしれません。

知りたくない現実かもしれませんが、持ち家のある方は一度、チェックしてみるといいと思います。それが、投資家目線で不動産を判断する訓練になります。

例えば、ワタクシの住んでいる家は築15年程度の木造住宅ですが、賃貸に出すと10万程度は頂けるでしょう。中古で１５００万円の購入ですから、賃貸に出した場合の利回りは8％です。（１２０万÷１５００万×１００＝8％）

返済額は６・５万なので、10万円で貸せばＣＦは出ますし、金利を除いた元本部分の５万程度は積立預金のような役目を果たします。

逆に言うと、10万の家賃を頂けるはずが、住んでいれば約５万の資産ストックなわけですから、「５万円」は消費しているという認識を持つのは大事ですね。

我がマイホームは場所もそこそこで購入する層が厚いので、購入した金額同等の１５００万で売却が出来ると考えています。このように、夢のマイホームについて、冷静に現実の数字を理解することが大事だと思います。

また、現在住んでいる自宅が、フラット35に対応している場合は借換えをオススメします。

金利が全期間固定で1％程度ですから、金利上昇のリスク軽減になります。また、フラット35のホームページを確認して頂けるとわかると思いますが、以下のような記述があります。（http://www.flat35.com/user/enkatsu/index.html）

機構の住宅ローンにより住宅を取得して入居いただいた後の取扱いにつきまして、従来は、転勤、転職、病気などのご事情により融資住宅から一時的に転居される場合は、事前に留守管理承認申請書を提出いただいた上で、お認めしておりました。

しかし、ご事情によらず住所変更届のみをご提出いただくことにより転居ができるようにしました。これにより、住宅に入居いただいた後に、所得の低下によって返済が困難となった場合に所得が回復するまでの間融資住宅を賃貸し、その賃料収入により返済を継続することも可能となりました（フラット35のホームページより引用）。

通常、住宅ローンで借りた家を賃貸に出すのはルール違反とされます。しかし、フラット35なら、その心配はないようです。

ですから、住宅ローンの返済が重くのしかかり、売却査定額が残債務に足りず、売るに売れないお金を貯められない状況なら、一度賃貸に出して体力を蓄えるのも選択肢になると思います。

第4章

「融資」を使って一棟物で規模を拡大する

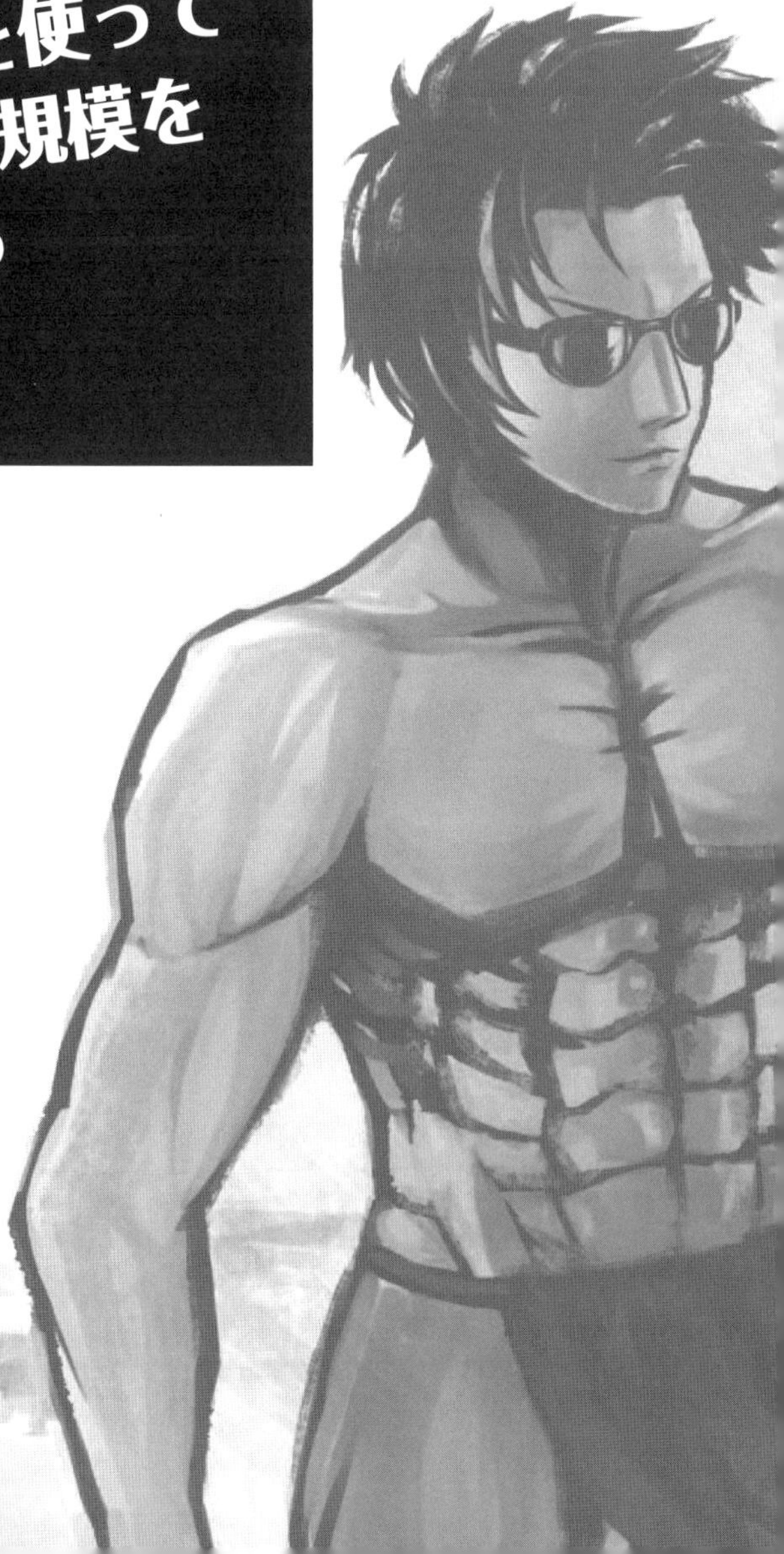

区分マンションの売買や賃貸併用住宅の新築の次に私が行ったのは、融資を引いて高利回りの中古アパートを買うことでした。

それまでのやり方は、リスクを抑えた分、スピードがのんびりでした。

私は若くて体が元気なうちにお金も時間もある人生を楽しみたいと思っているので、ペースを速める必要があります。

そんなとき、複数の先輩大家さんから、「融資を使って、利回りの高い中古アパートを買って、加速すれば？」と言われました。

すでに物件の買い付け、リフォーム、客付けといった賃貸業の一通りの仕事は経験していて、自分の中にも一棟物に進んでも大丈夫という気持ちがあったので、早速、ネット検索で、高利回りの中古アパートを探し始めました。

①実績と資金を積んで小規模の一棟物へ

1）1DK×6戸の中古アパートを買う

2011年、不動産投資を始めて2年後に、融資を引いて6部屋の中古アパートを購入しました。25才の時です。

築15年の重量鉄骨造で、価格は1200万円、利回りは21％という物件でした。間取りは25平米の1DK×6戸で、購入時は6室中4室の入居という状態。家賃は購入時で13万円、満室時で20万円です。

この物件は、同じ勉強会に所属するツナさんからの紹介で、もともとは1700万円で売りに出されていたものでした。

なぜ安くなったかというと、ツナさんが、「1700万は高いから、1200万円になりませんか?」と、冗談半分で聞いたところ、不動産会社の担当者さんが売主さんにそれを伝え、了解してもらえたからです。

しかし、ツナさんは他に検討していた物件があったため、その物件を買わず、私のところにパスが回ってきました。

これぞ、棚からぼた餅。ツナさんには足を向けて寝られません。

売主さんはお金持ちの方で、「福祉事業に力を入れたいので、アパートを整理している」というのが売却理由でした。

契約時に1割の手付金を支払ったのですが、それを新札で持っていったところ、「若いのにすごいね。君は金持ちなれるよ！」とほめていただいたのが嬉しかったです。

この売主さんは、「若い人が頑張っているのに、こんな状態では渡せない。錆びた柱、ポスト、階段の裏のサビ、ドアノブの色落ちを綺麗に塗装してから、引き渡してください」と、契約後、不動産会社さんにリフォームを依頼してくださいました。

引渡し前に、無償でリフォームしてくれるなんて、なんて素晴らしい方なんでしょう。不動産業界には悪い人もたくさんいますが、こんな風にいい方もたくさんいます。

私もこのご恩を返していかなければと心に誓いました。

2）1DK×8戸の中古アパートを購入

賃貸併用住宅からの収入、一棟目のアパートからの収入、区分マンションの転売益を積み上げていくうち、手元の資金は順調に増えていきました。

そして2013年に、私は2棟目の中古アパートを購入しました。

ネットで毎日検索をする中で見つけた物件です。

その前にも、気になる物件があれば買い付けを入れて、金融機関に融資のお願いに行く、ということは続けていましたが、なかなか縁がある物件に出会えませんでした。

そんな中で、比較的築浅で状態もいいこの物件を買えたことはラッキーでした。

築16年で、価格は2700万円だったものに指値を入れて2550万円になりました。

利回り18％で、1DK×8戸の木造アパートです。

この物件は、購入時満室だったのですが、引き渡し後すぐに2つ空室になりました。

しかし、ある日、近くにテナントを構える法人から直接携帯に電話がかかってきて「空室の2部屋とも借りたいのですが」と入居の申し込みをいただきました。

自主管理物件にしようと、アパートには看板もない状態だったので、どうやって自分の番号を知ったのか？　と聞くと、他の部屋に住んでいる入居者に聞いたということでした。

またもや、棚からぼた餅でした（笑）。

満室になると、家賃収入からローンの返

済を引いたキャッシュフローは約20万円です。

一棟目のキャッシュフローの10万円と合わせると、2棟からのキャッシュフローは30万円。私の給料の手取りを上回っています（笑）。

やっぱり一棟物のパワーはすごいと感じました。

② 指値は怖がらずに入れる

現代では不動産に指値という概念は当たり前になってきました。

北海道の加藤ひろゆきさんが「鬼のような指値」という言葉を流行らせたのも一つの要因かと思います。

私も当初は、コンビニの商品を購入する際、値引きが不可能だと思うように「不動産価格は下がらないもの」と思っていました。

それが今では、家電量販店の値引き相談もできますし、金融機関との交渉で金利を下げて（値引き）とお願いすることも平気になりました（笑）。

私の指値に関する考えですが、一番大事にしているのは「購入」を前提に進める事です。

当たり前かもしれませんが、値引きに応じてもらった段階で「断る」ということは、仲介業者さんと売主さんに迷惑をかけることになりますし、自分に対する信用も毀損します。

融資特約で買付を入れて融資が通らなかったという場合は仕方ありませんが、それもできるだけ避けた方がいいので、事前に金融機関との打ち合わせや、融資をしてもらえるめどを立ててから、指値の交渉をすることが大切だと思います。

そのような理由から、私は闇雲に指値をすることはありません。値付け間違いなど、そもそもの値段が間違っている場合には、満額で購入します。

特に現金買いをできるような価格帯の物件は、指値交渉をしている間に他の方に流れるリスクがあるので、スピードを重視するようにしています。

そんな中で指値を入れるケースとは、「かなり前から出ていますが値引きは可能でしょうか？　○○○万なら購入します」と交渉できる売れ残り物件や、「残置物をそのまま原状渡しで大丈夫なので、撤去費用を値引いて下さい」といった技が使えるワケあり物件です。

また、かなりのボロなど、他に欲しい人がいないような物件、買ってから手がかかりそうな物件は、遠慮なく指値を入れます。

このような場合は、相手も「いくらでもいいから引き取ってほしい」と思っているので、失礼どころか、喜ばれることが多くあります。

私が物件に買い付けを入れるときは、自分は購入できる客であり、面倒くさくない客でもあり、誠実な人であるということを行動で示します。

「信用」を積み上げるためです。最初に書いた「購入を前提」に指値や交渉を行うことも「信用」のためにしています。

不動産屋さんは、人を疑う気持ちがとても強い人種です（笑）。そういう人に信頼してもらうには、それなりの努力が必要です。

自分が得意とする信頼関係の築き方のひとつに、少額（現金で買える程度）のボロ戸建や土地に対し、そこそこの指値で買い付けを入れ、相手の多少の不備は笑って流し、ササッと決済も終えてお得意様になるということがあります。

なぜこのような事を書いたかというと、最終的には「指値」の話につながるからです。気が合い、信用関係を築いた業者さんがいるというのは、不動産の世界ではとても大事なことです。

一回取引をして信頼してもらえると、その後は公開前の情報を送ってもらえますし、ざっくばらんに話しながら、交渉を進める事ができます。

その中で、「いくらなら指値が通りそうか」という情報も、入手しやすくなるのです。「鬼のような指値」という言葉を加藤ひろゆきさんが流行らせましたが、私は、「ギャグのような指値」を流行らそうと思っています。

これは、「〇〇万円（とんでもない金額）なら買いますよ、テッへへ」と笑いながら指値を通すという作戦です。

お得意さんになり、業者さんとの信頼関係ができた場合には、通る可能性は高くなります。ちなみに私はこの手法では、まだ購入出来ていません（おい）。

3 庶民にも優しい日本政策金融公庫

この2棟のアパートは、日本政策金融公庫から融資を受けて買っています。

メガバンクなどとは違い、私のような低属性の人間にも優しい金融機関であり、全国に支店があるため、どこに住んでいても利用できるのが魅力です。

ただし、担当者によっては、賃貸業に全く理解のない人もいるので、できれば大家仲間の紹介を受けて、担当者を指名して相談することをおすすめします。

注意点としては、あくまでも事業に対する融資ですので、不動産投資という言葉や、短期で売却予定があることなどは絶対に言ってはいけません（結果的にそうなってしまったときは仕方ありませんが）。

1棟目の物件を買ったときはまだ法人を設立する前だったので、個人として買いました。

返済期間は15年、金利は土地部分3・15％、設備（建物部分）2・75％です。土地建物を担保に入れ、保証人も入れました（兄が協力してくれました）。
満室家賃20万円に対して返済が約10万円（地銀に借換え後は7・4万円）ですので、埋まれば毎月10万円以上のキャッシュフローです。

融資を受けた金額は修繕費も合わせて1300万円。つまり、オーバーローンでした。

資産を拡大していく段階では、できるだけ多い額の融資を引いて手持ちキャッシュを温存し、融資期間は照れずに1番長くお願いすることが重要です。
融資期間が長ければキャッシュフローも多くなり、次の物件の頭金になります。
そしてその際に、通帳の中にキャッシュがあるかどうかは、融資の審査に大きく影響してきます。

キャッシュ・イズ・キング！　です。

ですから、スピーディに次の物件に進むためにも、現金はできるだけ温存することが望ましいのです。
念のため付け加えると、フルローンで融資は受けましたが、貯金があることは預金通帳のコピーを見せて、先方に伝えています。それがなければ、融資はつかなかったでしょう。

よく、フルローンとかオーバーローンで物件を買ったという話をすると、自己資金ゼロで物件を買ったと勘違いする人がいるのですが、それは誤解、というか間違いです。フルローンやオーバーローンで物件を買っている人も、お金が本当にないわけではなく、お金は金融機関の口座にあるけれども、それを自己資金として投入していない、というだけです。

ですから、フルローンを狙うにせよ、そうでないにせよ、融資を受けて物件を買おうとする以上、一定の現金を用意することは必須になります。

次の一棟物、8世帯アパートは法人名義で日本政策金融公庫で融資を引きました。2550万円の物件価格に対して2500万円を借りられたので、諸費用を入れても手出しは150万円で済みました（50万程度敷金移行分もあったため）。

返済期間は15年で、満室時の家賃収入から返済額を引いたキャッシュフローは約20万円。金利は土地2・75％、建物2・25％ですが、最初の2年間は0・5％引き下げで、土地2・25％、建物1・75％です。

一棟目よりもいい条件です。

審査の際は、法人で区分マンションを「現金買い」していたこと、税理士さんに記帳を頼んでいたことでプロとして取り組んでいる姿勢が見えたことがプラスに働いたようです。

このように、不動産投資で融資を受けるときは、単体だけでなく、他の所有物件や実績を含めたトータルでの賃貸業者としての実力を見られます。

この時は、小さくてもいいので、早く始めて実績を積んでおくことの重要性を改めて感じました。

④ 頼りになるのは信金さん

現金購入でコツコツ増やしていく予定の方以外は、不動産投資を行う上で切っては切れない関係になるのが「融資」だと思います。また現金派の方も、規模を拡大したくなった時のために、勉強しておくのもいいと思います。

金融機関には、都銀、地銀、第二地銀、信用金庫、信用組合、ノンバンク系、政府系（日本政策金融公庫、商工中金）、ＪＡ（農協）など、さまざまな種類があります。自分に合った金融機関（現在の属性と、目指したいレベル）と付き合い、不動産を増やしていくことになります。

いろいろな銀行がある中で、どう選択していけばいいのでしょうか？

結論から言いますと〝自分と似たような属性の人が融資を引いた実績のある金融機関（支店含む）〟を聞いて開拓するのがいいといえます。

サラリーマンに優しい金融機関、自営業者に強い金融機関、農家がメインに使う金融機関などさまざまです。

アンマッチを避ければ、融資を獲得できる確率が高まりますし、時間の節約にもなります。

また支店によって、担当者によっても同じ金融機関でも結果が変わってくるので、紹介してもらえるのであれば、一番いいかもしれません。

ちなみに、融資にはテクニックはあっても「裏ワザ」はありません。

貯金がまったくのゼロですとか、サラリーマンではない、もしくは自営業の実績もない状態、クレジットカードで滞納歴があるといったブラックな情報は、金融機関の間で共有されています。

通帳の残高を工作する小技などを使っている人もいると聞きますが、何度もできるわけではありません。

融資を受けながら、不動産投資を続けていくつもりなら、正攻法で行きましょう。バレたらどうしようとドキドキしながら銀行に行くのも、体によくありません。


私の場合、付き合いのある金融機関は、第二地銀、信用金庫2行、日本政策金融公庫の4つです。

私がなぜ信用金庫をメインにしているかというと、元銀行員である不動産投資家の方に「絶対信用金庫がオススメ！　柔軟に対応してくれるし、普通の銀行は頭が固すぎますよ」と教えていただいたからです。

元銀行員の方が言うのなら間違いないだろうと思いました（笑）。

実際にその方は、信用金庫で融資を受けてガンガン規模を拡大しています。

5 信用金庫の口座で家賃の入金と公庫の返済を行うという合わせ技

私が信用金庫で融資を受けやすくするために、日本政策金融公庫からの借り入れを活用した方法を紹介します。

日本政策金融公庫（以下公庫）は「融資」はしますが、銀行などとは違い預金口座はありません。

それを利用して、取引をしたい信用金庫や銀行の持っている口座に、公庫からの融資が実行され、その口座から振替（返済）していくという流れを作ります。プラス、家賃の入金もその口座を使います。

すると、信用金庫から見るとこちらの過去の返済や口座の内容がわかるので、融資をお願いに行ったときに、「どこの馬の骨ともわからない人間」でいくよりもずっと優位に働きます。

もちろん、返済が滞るとか、入ってきた家賃をすべて使い込んでいるとマイナスな評価になります（笑）。

そうやって実績を積むことができたら、満を持して信用金庫に融資を申込みましょう。

金融機関が取り組みやすい案件があります。それが、「借換え」です。

公庫の繰り上げ返済費用は無料ですし、違約金もありません。

また、通常の金融機関は借換えを嫌いますが、公庫は政府系なので、一括返済（繰上返済）はむしろ「完済履歴あり」と好評価になります。（ただ公庫にも株式会社ですし、貸し出しノルマや、目標ノルマがあるので、いつでも完済ウェルカムな訳でないようです）。

私のように、うまく借換えが出来ると金融機関との取引が開始できますし、さらに「公庫の融資枠」が空くことになります。

その結果、公庫からの借換えや、公庫からの返済実績から、第二地銀からは新築戸建のプロパー融資を引くことが出来ましたし、信用金庫からは新築アパートの融資を引くことができました。

そして、また次の1年で「実績」を積んでいけば、最初に借入を起こしたときよりスムーズかつ、柔軟に対応してくれると思います。

どこまで規模を大きくしたいかにもよりますが、経済的自立レベルであれば信用金庫と、日本政策金融公庫で十分だと感じています。

6 融資の王道はパッケージのアパートローン

融資について補足します。

一般的なサラリーマンの方で年収や自己資金がある程度ある方なら、最初に銀行が持っているパッケージのアパートローンを検討するのがいいと思います。

私の周りでも、一流企業に勤めていて年収の高いサラリーマンの方などは、さくっとパッケージローンで融資を通しています。

住宅ローンに似た仕組みで、条件さえ合えば割と簡単に出ます。

方法としては、自分の住んでいるエリア内の金融機関を片っ端からリサーチします。

例えば、「○○銀行　アパートローン」と検索してみましょう。

すると、ホームページ内では発見できなかったアパートローンの商品概要が、ＰＤＦファイルなどで出てきます。

いろいろな条件があるので、条件のいいところにアプローチしましょう。

たとえば、木造アパートは20年までという金融機関も多いですが、中には30年や35年を引ける商品を出しているところもあります。

また、金利も住宅ローン並みのものがあり、団体信用生命保険付き、保証会社付きで保証人も不要の場合もあります。

ただ、全体的に土地を持っている方を対象としているものが多いのでアプローチの仕方としては、「土地代は現金で入れるので建物部分を融資してほしい」というのが通りやすいと思います（土地値が高い都会では難しいと思いますが）。

富山ですと新築で10％を目指せるので、土地は自己資金で賄い、30年ローンを組むことで返済比率を抑えることができ、キャッシュフローも多く出ます。

さらに、木造なので減価償却も大きく、最初のうちは手持ち資金の回収が早いのも、資産規模を増やすのに適しているといえます。

そういう意味で、新築木造アパートとの相性は抜群です。

さらに、融資実行から返済開始までの据置期間（金利のみの支払期間）が最大1年という商品もあるので、竣工からすぐに満室になれば1年分の家賃がほとんど手元に残ることになりますし、敷金、礼金、前家賃がしっかりとれる地域であれば、スタートでかなりの自己資金を回収することが出来、次の投資に行きやすくなります。

私はこれをスタートダッシュ・リスケジュールと呼んでいます（笑）。

また、期間を長く組むと元本の減りが遅いのですが、初期の頃はキャッシュフロー重視で問題ないと思います。

ある程度のキャッシュフローが積みあがった段階で現金購入する物件や、新築でも20年返済にしたり、中古の高利回り物件を10年返済などにしていけば、純資産の部分が増えていき、B／Sも改善されていくと思います。

スタートはP／L重視でいきましょう。

【4章 〝ふんどし王子〟の格言！】
・信用金庫と日本政策金融公庫からの融資である程度の規模まで進める！
・サラリーマンは金融機関がパッケージとして用意しているアパートローンが使いやすい！
・一棟物ならスピーディに資産を増やせる！

○ふんどしメモ

ここまでを初期と考えると、初期の頃にキャッシュを増やすための方法として、以下のことを実践してきた。

①個人で5年保有したものを長期譲渡で売却し、資金を回収②法人で区分マンションを売買して実績とキャッシュフローを積み上げる③法人保有のアパート売却で利益が出そうなら5年を待たずに売却し資金を回収

これらを実践するうちに、自己資金は1000万円程度にまで増加。もうひとつ上のステージに進めることになる。

非常識な融資術

「現金」がなくても「信用」がある人は徹底的に「信用を換金」するという手があります。

日本人は借金＝悪で、出来るだけお金を入れた方がいいと考える人が多くいます。

もちろん現金がありあまっている人ならいいですが、不動産投資を始めたいのなら、初期の頃は現金を手元に残しておくことが大事です。

黒字倒産という言葉もあるので、運用を始めてからの資金繰りを安定させる意味でも重要です。

アマゾンのように赤字が長く続いてもキャッシュフローが回っていれば潰れる事はありません。むしろ、再投資に回すので売上はあがり、企業価値がドンドンあがっていきます。

個人の投資も同じですが、最初のうちに現金を使い果たしてしまうと次にいけなくなります。

信用を換金するアイディアですが、結婚式をするときに仮に300万かかるとしたら、お互いの貯金で支払うのではなく、結婚資金はフリーローンを組みます。（金利2～3％のもの）。

すると、お互いに貯めたお金300万と、ご祝儀で200万程度が手元に残り、合計500万のお金が残ります。（もちろん借金300万も残りますが）。

ちなみにフリーローンを組んでから住宅ローンだと通り辛い可能性もあるので、住宅ローンを組んでからフリーローンを組むことをオススメします。

もちろん、現金もないのに、借入だけで住宅ローン、フリーローンはとても危険です。

しかし、住宅購入、結婚式、マイカー購入でその都度、現金を使い果たすのも「投資」をしていくという観点からすると、効率が悪いですし、投資をするチャンスを逃すことになります。

ホリエモンこと堀江さんも「マイカーを現金で買うやつは馬鹿だ」と言っています。

賛否はあると思いますが、例えば手元に200万円があり新車を買うなら、自分に投資するなり、そのお金を使って、さらにお金を増やすことを考える方がいいと言いたいのだと思います。

注意点としては、通帳に入っているお金を自分のモノと勘違いして消費や浪費をするのはダメです。コントロールできないのなら、現金主義で生活している方が、破たんするリスクは少ないと思います。

実際の例なのですが、妻が新車を235万のニコニコ現金で一括購入すると言うので、「ちょ、ちょっと待てよ」とキムタク風に止めました。

私の取引のある信金にマイカーローン（親族の車購入には使えます）を相談したところ、3時間くらいで満額OKの返事がきました。

10年返済までいけるのですが、7年返済として毎月の返済は3万程度とし、金利はキャンペーン中もあり、なんと1・39%でした。

変動金利ですが、仮に変動しなかった場合、借入期間の金利負担は12万程度です。

つまり7年の間、金利負担12万で、235万を運用できるチャンスを得ました。（これを期限の利益というそうです）。

仮に毎月3万円を貯金して235万を貯めるのには7年の歳月が必要ですから、時間効率を考えると借りた方が得です。

私の場合は、65万や50万で購入した不動産で家賃4万を頂ける実績があるので、手持ち資金にして再投資した方がずっと効率が良いのです。

あとは、不測の事態に備える保険（現金235万）を7年12万円の負担で購入したという考えも出来ます。

困った時に借りられる「保障」もありませんからリスクヘッジとなります。

さらに、リスクはありますが、高利回りのアパートが出てきた際に、融資が伸びない分の頭金として使うこともできます。

株式投資で言う「全力二階建て」ですからリスクも高くなりますが、自分が何をしているか理解した上なら、それもナシとはいえないでしょう。

ただし、融資やローンという名前を変えても「借金」です。刃物を扱うように、慎重に判断して頂くとともに、自己責任でお願いします。

第5章
「満室経営」で家賃収入を得つつ、「売却益」も狙う

この章では、物件を買った後、収益を上げるためにやるべきことを紹介します。

節約生活や副業などで自己資金を貯めて、中古アパートを購入したら、次はそのアパートを満室にして、できるだけ多くの家賃収入を得ることを目指します。

また、空いている駐車場は、月極駐車場として貸し出す、自動販売機を設置する、看板収入を得られないか等、利益を最大限にすることを考えます。

不動産投資では物件を買うことにフォーカスされますが、実際にはこの運用の部分が一番大切です。

ただ、この部分は先輩大家さんたちの書いた本でやり方を学ぶことができるので、あとはそれをマネすれば大きな失敗はしないと思います。

満室経営で家賃収入（インカムゲイン）を稼いだら、売りに出して売却益（キャピタルゲイン）を得ることも選択肢に入れていきます。

そうすることで、一気に現金を増やすことができ、次の選択肢が広がります。

1 リフォーム

高利回りの中古アパートを買うと、リフォームされていない空室があるのが普通です。

大家は購入後すぐにその部屋をリフォームして、入居者を探すことになります。

私はリフォームの際には、新築もしくは築浅の物件で高い家賃をいただけるものについては、リフォーム業者に任せて、質の高い部屋にします。

築古で家賃の低い部屋はDIYを交えたそれなりのリフォームでOK、という感じでかけるコストと手間を決めています。

なんでも安ければいいというわけではありません。メリハリが大事ということです。

時間のないサラリーマンが土日を使ってリフォームをする場合、入居募集ができる状態になるまで時間がかかりやすいので、機会損失にならないよう注意が必要です。

1）DIYと職人の友人でコストを削減

大家界にはリフォームをDIYする大家と、工事はほぼ外注という大家さんがいます。

ＤＩＹは自分でできれば節約にはなりますが、完成が下手すぎて入居付けにマイナスに響くようでは意味がありません。

ですから、ＤＩＹが好き、得意という人に限って、挑戦してみればいいと思います。

ちなみに、私がこれまでにやったことがあるリフォームは、キッチンのシングルレバー交換、お風呂のサーモスタット混合栓の交換、ウォシュレットの取付け、キッチンのカッティングシート貼り付け、シャンプードレッサーの交換、粘着シートつきのフロアタイル張りなどです。

私はＤＩＹが得意ではありません。一人でリフォームをしていると心が折れてしまいます（笑）。

つまり、この程度は誰にでもできるということです。

ＤＩＹで注意したいのは、配管系です。水漏れの危険性があるので、慎重にする必要があります。また、電気関係や、専門知識が必要な部分は外注してＤＩＹはやめましょう。

事故が起こった時に責任を問われる他、保険の対象から外れることもあるようです。

ＤＩＹが苦手な場合、リフォームを外注することになりますが、工事費が高くなってしまうと、物件を安く買った意味がなくなってしまいます。

ここで活躍するのが、職人の友達です。

高卒製造業で地元に暮らしていると、親が経営している工務店を継いだり、職人としてがんばっている同級生が見つかるものです。

特にヤンチャをしていた友人が多いので、中卒や高卒で働き、職人として活躍している人が多くいます。

また、職人の友達は職人なので、一人見つかれば、そこから芋づる式に縁がつながったりします。

知り合いでももちろんお金は払います。しかし、「急がないから、安くして」とか、「余っている部材でいいから、少しまけて」というように、融通が利くのがいいところです。

行けるときだけでいいので、工事中に缶コーヒーを差し入れることは必須です。

そして、だいたいラーメンを奢ります。

気が合う職人さんに、ボロ物件を検討するときに一緒に行ってもらい、「リフォームにはこれくらいかかる」という見積もりを出してもらうのも初心者の頃は助かります。

そして、だいたいラーメンを奢ります（笑）。

りますが、私はリフォームをする際、プロパンガス会社さんに協力をお願いすることがよくあります。

どういうことかというと、プロパンガスの切り替え特典として、シングルレバーの取付けや混合栓の設置などをお願いすると無料で行ってくれることがあるのです。(部材は支給)。

購入した物件がプロパンガスを使っているなら、エリア内のプロパンガス会社に問い合わせを入れて、ガス料金とそのほかのサービス内容をヒアリングしてみることをおすすめします。

2) プロパンガス会社さんのサービスを活用するときの注意

私の場合は、仲間の大家の紹介で、プロパンガス会社さんを決めました。

私がこれまでにプロパンガス会社さんから受けたことがあるサービスはこちらです。

(地域によってガス会社の対応は違うと思いますが参考までに紹介します)。

・シングルレバー取付け
・ガスコンロ支給
・給湯器無料交換

・エアコン取付費無料
・水漏事故対応サービス（ガスのトラブルなど24時間営業を行っている部門があるため）

自分一人でお願いするのではなく、若手大家仲間にプロパンガス屋さんを紹介して、何人かでバンバン使っていたところ、サービスの内容も良くなってきました。

大家1人ではスケールメリットも出ませんが、チームで使うと交渉が有利になると思います。

ただ、なんでもかんでもプロパンガス屋さんに頼んでいると、ガス料金に転嫁されて入居者さんの負担が増えることになるので注意が必要です。

それこそ、ガス料金が高いから退去に繋がるというのでは、本末転倒です。

悪質なガス屋さんになると、大家に内緒でどんどんガス代金をアップすることがあります。

事前に覚書を交わしたり、定期的に料金を確認したりして、そんなことがないように注意しましょう。

② 客付けに強い担当者を大切に

アパート経営において、空室期間は機会損失であり、入居付けは力を入れるべき大きなポイントです。

入居者募集ですが、自主管理や客付の弱い管理会社にお願いしている物件については、営業を行います。

やり方としては、管理会社に作ってもらった資料のコピーをもらい、いろいろな店舗にお願いに回ります。

競争が過熱している札幌や博多では広告費が3カ月もかかる場合があると聞きましたが、私の地元の富山では1カ月も払えば十分です。

空室は現地にキーボックスを設置し、いつでも内見出来るようにしておくのも大事です。

また、営業は一回で終わらせず、何回か出向くことが大事ですし、ちょっとした菓子折りなど持参すれば、よりよい関係を築くことができます。

客付は「物件力」×「家賃の価格」×「営業力（大家、客付担当者）」で決まります。

客付に強い担当者がいたら、集中的に頼みましょう。

コンプライアンスの関係で禁止されている会社もあるようですが、担当者個人にお礼をするのも効果絶大です。

また、ご飯などに誘ってみると現場の声を聞けて勉強になりますし、親睦が深まり、無視できない大家になります（笑）。

また、小技ですが、電気は通しておきブレーカーを上げるとすべての電気が付くようにしておくのも大事です（内見の時に暗いイメージはマイナスです）。

あとは、造花やグリーンなどを部屋の隅に置くとグッと引き締まるのでオススメです。

体力と時間があればモデルルーム化もいいと思います。実際に住むイメージが湧きますし、カーテンもないような無機質な部屋に比べて住みたくなる確率は高くなります。

海外ではホームステージングといって、専門業者もいるようです。家具などをオシャレに演出できる方は、挑戦してみてもいいかもしれません。

私の場合はニトリで購入したレースカーテンを取り付け、必要な方にはプレゼントします。数千円のことで入居の後押しになれば、コストパフォーマンス的には合格でしょう。

③ クレーム対応はスピードが勝負

サラリーマン大家さんは普通、アパートの管理を管理会社にまかせます。手間のかかりにくい戸建だけ自主管理をして、アパートは管理会社におまかせという人も多いようです。

しかし、私はそのセオリーに従わず、2棟目のアパートを自主管理していました。管理費（回収家賃の5％）がもったいないということもありますが、一度、アパートの管理というものを経験して、大家力をアップさせたいという思惑と、単純な好奇心から、自主管理にしてみたのです。

アパートの場所が自宅から車で10分かからないのも、自主管理の決め手となりました。

「電話がじゃんじゃんかかってきたらどうしよう」と思いましたが、実際は何の連絡もありませんでした。

考えてみれば、管理会社でも1000戸くらいの物件を3人くらいの女性スタッフで管理しています。電話がかかってきてからも、業者さんに振るだけです。

私のたった8室のアパートで、忙しくなることもないか、としばらくして気づきました。

一度だけ、騒音のクレームで胃が痛くなったことがありますが、なんとか仲裁することができました。

電話が来たときは楽しくお酒を飲んでいたのですが、一気に酔いが醒めたのを覚えています（笑）。

この時に学んだのは、早急に対応することの大切さです。

たとえば、電気工事士のミスで停電になった時、「いつ復旧するかわかりません！」と言うのと、「24時間以内に復旧します」と言うのとでは、受け取り手のストレス指数が違います。

また、管理会社さんはこういうクレームに日夜対応しているのだな、と思うと、感謝の気持ちもわいてきました。

DIYを経験したときも、「リフォーム屋さんってすごい」と思いました。何事も、自分でやってみないとわからないことがありますね。

そんなわけで、若手大家の皆様には、小ぶりの物件（戸建や区分マンション）で自主管理を一度はやってみることをおすすめしたいと思います。

④ 中古アパートを売却してキャッシュを作る

２０１１年と２０１３年に買った2棟のアパートですが、両方ともすでに売却しました。

まず、２０１１年に買った物件ですが、個人名義で価格は１２００万円で購入し、リフォーム等で２００万円かけました。物件価格に対する表面利回りは20％程度でした。

２０１７年以降の売却なら長期譲渡で税率が低くなるので、少し前の２０１６年から利回り11％で売りに出していました。（個人で所有している場合、売却益に対する税率は長期譲渡で20％、短期譲渡の場合39％です）。

利回り20％で買って利回り11％で売却というと、ずいぶん乗っけている感じがすると思いますが、アベノミクスによる金融緩和のお蔭で、物件価格が上昇したため、あくまでも売値は相場並みです。

それでもありがたいことに6年の間に残債も減っており、税引き後で1000万円程度を残すことができました。

私が実行したのは、

「個人で物件を買い、長期譲渡のタイミングで売却し、資金を作る」


という、いうなれば不動産投資の初心者が資金を増やすための非常にオーソドックスな手法です。

長期譲渡には5年（実質6年）かかるので、「えっ!? 時間がかかりすぎるよ・・・」と思う方もいるかもしれません。

ただ、私自身、過ぎ去ってみれば早かったと感じます。

それに、時間がかかることには、メリットもあります。

それは、物件を保有している間にノウハウが蓄積するため、次の挑戦の際、知識も経験も人脈も身につけた上でリスクテイクできるということです。

実際に、この物件からは多くのことを学ばせてもらいました。

2013年に2550万で購入したアパートは法人で買っており、短期譲渡を気にする必要がなかったので、試しに3500万で売りに出してみると、200万の指値が入りましたが、本業で儲かっている会社さんが減価償却目的で現金買いをしていかれました。お金はあるところにはあるものだと思いました。

不動産投資を行う際に、最初からキャピタルゲイン狙いで物件を買うのはリスクが高すぎます。しかし、次のステップへ飛躍するためには、積極的に売却を絡めるのがいいと私は確信しています。

高利回りの物件を満室維持し、インカムを稼ぎながら売却するタイミングを見計らうのがいいと思います。

そして、持っていても、売却してもいいような買い方が大切だと思います。

2棟の売却がうまく行った理由としては、安く買っていたから、というのが一番です。安く買えた理由のひとつは、身もふたもないですが、時期がよかったということです。私だけでなく、リーマンショック後の物件価格が安い時期に仕込めた方は、みなさん含み益を抱えています。

当時は今よりプレイヤーが少なかったものの、融資は付きにくい状況でした。その時にがんばって買ったことが、売却益につながったということです。

今は物件価格が上がっていますが、どんな時代にでも掘り出し物はあります。

つまり、「売ったらキャピタルゲインが取れる物件」を買えるチャンスはいつの時代もあるということです。

また、ボロボロでガラガラだと買いたたかれますが、リフォーム済みで入居率が高い物件は、強気で売りに出すことができます。

キレイで埋まっている物件は売るのがもったいない気がしますが、そういう物件こそ売却向きと考えることもできます。

ちなみに、前述の個人所有で売却した物件は買付が入ったときは満室だったのですが、決済時には1部屋空室が発生してしまいました。

良いお値段で購入して頂いたので、空室には家賃保証を設定し、満室渡しとしました。こちらから提案したので、とても喜んでいただけました。

5 市場が売り時でも掘り出し物はある

中古木造アパートの売却と入れ替わるように、2017年1月に私は高利回りの築28年の重量鉄骨マンションを買いました。3LDKが1部屋・1Rが3部屋の合計4部屋の物件です。

価格は1200万で（固定資産評価程度）、年収272万（月収22・6万）ですので、利回りは22・6%あります。

融資は日本政策金融公庫で1200万円とフルローンで借りました。元金均等15年返済、安心の全期間固定金利です。月の返済合計は7・7万円ですので、キャッシュフローは22・6万－7・7万＝14・9万円にもなります。

私の初任給程度です（笑）。

また、敷金の移管などあり、売買するときの手出し費用は10万円に抑えられました。

この物件の場所は、富山駅から徒歩15分と、今までで保有した中で一番いい立地です。

気になるのは、もともとは収益マイホームだったようで、3LDKが1室あること。その部屋の家賃割合が大きく、退去した場合のインパクトが大きいです。

また、前面道路が狭いこと、駐車場が足りていないということもあります。

しかし、駐車場に関しては、物件の隣と前面に月極駐車場があるので問題なさそうです。

整理すると、利回り20％超で買った物件を利回り11％で売却し、そのお金でまた利回り20％超の物件を買ったわけです。

それも、売却した物件よりも好立地で資産評価の出る物件を買ったため、出口がとりやすくなったと思います。

資産価値のある物件を買うと、金融機関から見たときに「貸したい相手」になるというメリットもあります。


どうしてこの物件を買えたかと言うと、以前に個人で購入した1200万の売買担当者からの紹介でした。

加藤ひろゆきさんが、「担当者には謝礼を渡す」ということを書籍で書いておられたので、マネをして売買の担当者に気持ち程度ですが、謝礼を渡していました。

そして、何気に、店舗に遊びに行ったときに、「なんかいい物件がないですかー?」と話していると、今回の物件情報を教えてくれました。

つまり、6年の時を経て、良い物件情報として返ってきたのです。

そのときの若い担当者も会社では出世していて、仲介手数料もオマケしてもらいました。

「謝礼は複利で返ってくる」のです。

また、返ってくるまでの時間が長ければ長いほど、大きく返ってくるように思います。

「すぐに結果を求めない」「損して得とれ」

このスタンスが人生でも不動産投資でも大事だと強く感じています。

補足ですが、この重量鉄骨物件の家賃や返済などは、次の章で紹介する新築戸建の返済口座と合わせました。

そうすることで、利回りが低く、キャッシュフローの少ない新築物件と、利回りが高く、キャッシュフローの多く取れる築古物件のバランスが取れて安定するからです。

１つ１つの物件では、バランスが悪かったり、収支が合わなかったりする場合も、種類の違う物件を組み合わせることで安定し、リスクを抑えられるという考え方です。この考えは、猪俣淳さんの、『誰も書かなかった不動産投資の出口戦略・組合せ戦略 改訂版』（住宅新報社）が参考になるかと思います。

【5章　〝ふんどし王子〟の格言！】
・リフォームは物件のグレードによってコストのかけ方を変える！
・客付は「物件力」×「家賃の価格」×「営業力（大家、客付担当者」で決まるので、優秀な客付け営業マンを大切にすることが大事！
・家賃の下落への対応や、安く貸すために物件の取得価格は抑える！
・次のステップの飛躍するために、物件の売却は効果的！

○ふんどしメモ
個人で物件を買い、長期譲渡のタイミングで売却し、資金を作るのは不動産投資の最初のステップでまとまったお金を作るための王道である。
法人で購入した物件なら5年を待たずに高値で売れるタイミングで売却できる。

コラム

人の何倍も本を読む、本が嫌いならCDで勉強する

当たり前のこと言うな、と言われてしまうかもしれませんが、勉強は大事です。

本は、頭のいい人が書いていることをわかりやすく理解することができます。

本を読んでいて、言葉の意味がわからないこともありますが、そういう時はすぐに調べるようにしています。

語彙力《ごいりょく》を増やして、お金持ちが扱う言葉を知ることは、自分がお金持ちになるには不可欠だと思います。

人間は知識がないことは認識できない生き物です。

原始人に携帯電話を渡しても、意味が分かりません。「なんだこれ?」で終わります。

われわれは携帯電話のことを知っているから携帯電話を認識できるのです。

これは、経済の仕組みや、不動産投資のノウハウも同じです。

ルールを知るための知識、語彙力がないと、活用することなど絶対にできません。

減価償却、耐用年数、与信、消費性のローン、事業性のローン、債務超過、キャッシュフロー、買い替え特例、消費税還付、担保評価、オプション、デリバティブ、元金均等、元利均等、複利、単利・・・

お金持ちが使う言葉を学び、理解して自分の行動に置き換えていきましょう。

本が苦手ならCDやDVDから学ぶという方法もあります。自分に合ったやり方で知識を増やしていきましょう。

第6章

2棟目、3棟目！どんどん「収入を増やす」ための「物件購入・売却」術

ここまで、初期の頃にキャッシュを増やすための方法を紹介しました。

①節約と天引き貯金でお金を貯める
②法人で区分マンションを売買して、キャピタルゲインを得る
③激安戸建や中古の高利回りアパートを買って賃貸する
④個人で5年保有したアパートを長期譲渡で売却し、資金を回収
⑤法人保有のアパート売却で利益が出そうなら5年を待たずに売却し、資金を回収

これらを実践するうちに、私の自己資金は1000万円程度にまで増えました。

人によっては5年待たなくても、そのくらいの資金を作ることはできると思います。

では、この1000万円をさらに増やすためには、どうすればいいでしょうか?

この章では、私がコツコツと築いた大切な1000万円の使い方、そして、お金持ちへのエスカレーターに乗る方法をお伝えします。

①多くの投資家が中古から初めて新築へシフトする理由

不動産投資で作った1000万円。この資金をさらに増やすための方法として、私は新築アパートと新築戸建てを建てることを選びました。

これまで、たくさんの本を読み、セミナーに参加し、先輩の大家さんと会ってみてわかったことがあります。

それは、多くの投資家が中古物件から始め、最終的には新築に行きつくということです。

新築は、買ってから10年くらいは修繕費などがかかりません。

多くの入居者は最新の設備がついている新しい部屋を求めるので、入居付けも築古に比べてスムーズです。

さらに、10年程度保有して売却する場合にもまだ築浅で、次の人にも融資がつきやすいため、売りやすいというメリットがあります。

安く新築することができれば、建てたときとそう変わらない価格で売却できることも珍しくありません。

戸建に関しては、前述のメリットの他に、売却時にはマイホームを欲しい実需層もターゲットとなるため、大きなキャピタルゲインが狙えるという強みもあります（築年数にかかわらず住宅ローンが使えるため）。

こんなにメリットだらけなら、どうしてみんな新築をやらないのか、と思う人もいると思います。

理由はシンプルで、ある程度のまとまった資金と、不動産に関する知識や人脈が必要なので、初心者が最初から挑戦するにはハードルが高いのです。

（私が最初に建てた賃貸併用住宅も新築ですが、住宅ローンを使って低リスクで不動産を持ってみたいという守りの投資だったので、ここでいう新築投資とは少し趣旨が違います）。

そのため、多くの初心者は最初に高利回りの中古物件を買い、資金と経験を増やしてから新築へとシフトするのです。

高属性のサラリーマンなら、アパートメーカーの建売アパートをわずかな頭金で買うという方法もありますが、そのような新築アパートは、メーカーの利益がたっぷり乗っているので、投資家の手残りはわずかです。

それだけでなく、メーカーのアパートは、同じような部屋が世の中にあふれているため、すぐに陳腐化してしまうという心配もあります。

ですので、私はそのような名の知れたメーカーの物件は建てませんでした。

ではどんな物件かというと、私の新築物件は、メンターである吉川英一さんのアイディアと工夫が詰まったデザインアパートです。

これに関しては、吉川さんの著書『坪30万円からできるデザイナーズ・アパート経営』（ダイヤモンド社）という本が参考になります。

大手アパートメーカーの若手が提案しても、上司から即却下されるような、そんな尖った物件を目指しています。

他にも成功している大家さんたちを見ると、既製品ではなく、設計から参加して、オリジナルのアイディアを盛り込んでいる方が多いようです。

他と同じことをやっていてもお金は残せない、ということだと思います。

② 貸しても売ってもプラスになる新築戸建て

ある程度資金ができて、新築物件に挑戦しようと考えた時、最初に建てたのが3LDKの戸建です。

土地200万、建物1000万のトータル1200万円の物件で、家賃は10・4万円、利回りは10・4％という物件です。

私の地元の富山では、新築物件への融資は、基本的に「地主」にしか行いません。

ですので、最初に土地を現金で買い、地主になったあとで、上物に融資をしてもらうというステップを踏みます。というわけで、このときも賃貸需要の期待できるエリアの中から、割安な土地を探して現金で購入し、その次に安価で有名な会社に戸建の新築を依頼しました。

この家は一度、売りに出したところ、1650万で買付が入ったことがあります。賃貸の入居者の申し込みが先に入ってしまったので、売却はしませんでしたが、貸してもプラス、売ってもプラスの新築戸建ての魅力を実感した出来事でした。

3 長い道のりだった6戸アパートの土地決済

そして現在、私は3棟のアパートを新築しています。

正確にいうと、8戸の1棟アパートと、同じ土地に建つ2棟のアパートという内訳です。

まず、8戸の一棟アパートですが、この土地は、インターネットで発見しました。

近隣の分譲地は坪11万〜12万程度の場所なのですが、坪5・3万で購入することができました。

なぜ安かったかというと、不整形地であることと、住宅用地としては大きすぎたこと、そして、過去に火事が起こった現場だったからです。

幸い、亡くなった方はおらず、私的には許容範囲でした。

ざっくりとしたスペックですが、土地800万、建物5300万でトータル6100万円。

想定家賃は月収53・6万（年収643．2万）で、想定利回りは10・5％です。

この土地は、融資をお願いしている間に、現金買いをしたいという方が現れましたが、奥さんの反対で戻ってきました。

奥さん、グッジョブです（笑）。

新築は完成までには、土地取得からトータルで1年程度かかるのが普通です。この間、お金は出ていくだけですので、新築をやるには色々な意味で体力が必要です。

この新築アパート用の土地を買うときに役立ったのが、中古アパートの売却益の1000万円です。こうして、入ってきたお金を再投資して、ぐるぐる回すことで、資金が増えていくのです。

4 途中でプランが変わった8戸アパート

この物件は当初、建築会社さんが出してくれたプランが途中で大きく変わりました。もともとは土地が不整形ということもあり、2戸1棟の1LDKメゾネットタイプを3棟建てる予定でした。

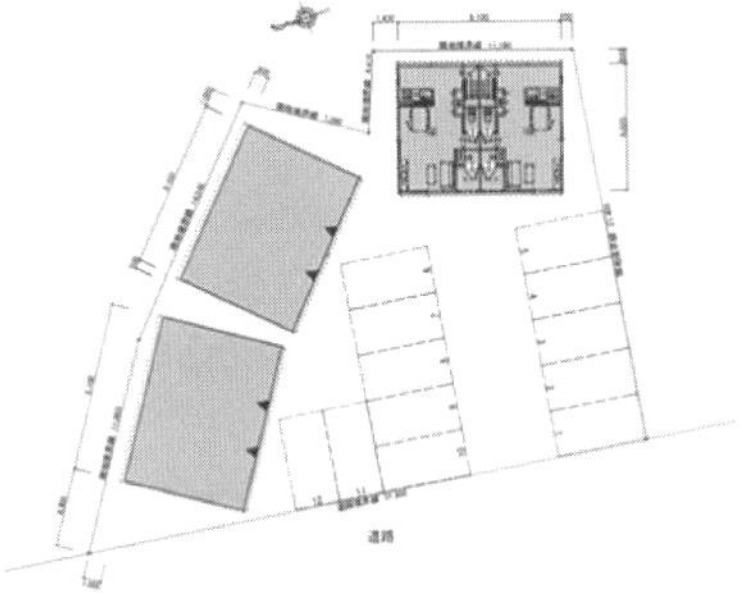

※変更前プラン

しかし、土地の効率が悪く利回りは10％に届きませんでした。

また、土地の利点として間口が広いことがあったのですが、このプランは車の出し入れを考えるともったいなく感じました。（敷地内の車が移動する部分は無駄になります）。

そこで、一からプランをやり直し、3棟から1棟へ、6戸から8戸へと変更しました。

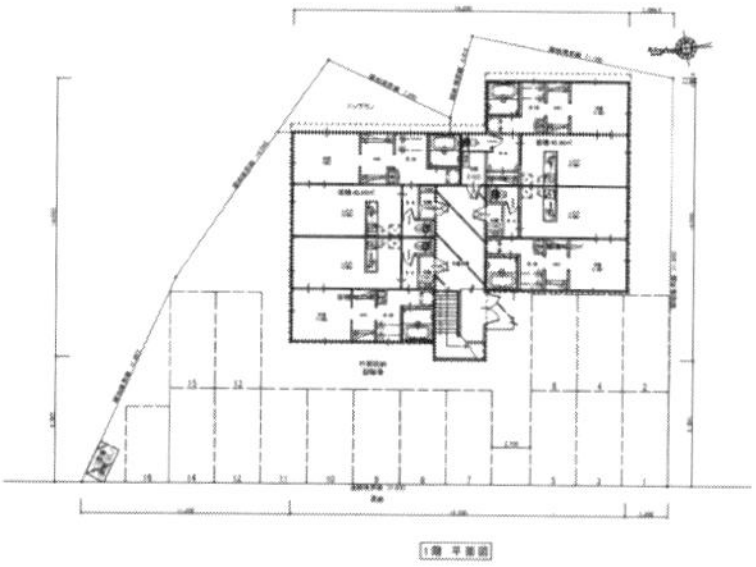

※変更後のプラン

富山県の郊外型アパートでは1人1台駐車場が必要です。

今回の入居者ターゲットは新婚さんなので1戸につき駐車場2台は必要でした。縦列駐車場も含まれますが、なんとか16台分の駐車場を確保することができました。

車がすぐに道路へ出入りできるのは便利ですし、広い間口を有効活用できたのがポイントだったと思います。

しかし、6戸から8戸に戸数が増えるわけですから、建築費も増えることになります。そこで4000万で決まっていた融資額を5000万に増額してもらうため、再審査を行いました。

その結果、1カ月ほどかかりましたが、見事満額回答をいただくことができました。融資担当者さんに聞いたところ、増額できた理由は、中古アパートを売却したことが大きいそうです。

2016年に売却した木造アパートは高利回りでしたが、築20年でしたので、耐用

8戸アパートの外観（ふんどし王子のイメージカラー赤をポイントに採用）

年数ギリギリで資産価値はほとんどありません。つまり、「借入額」に対する「資産価値」が毀損して、債務超過状態になっていました。

銀行から見ると、そのような物件を持っていると、いくら運営状況がよくても、次の物件への融資の際に足かせになるのです。

このアパートを売却したところ、結果的に売却益により決算書の数字が良くなりましたし、純資産も増加しました。このことが、融資付けにプラスに働きました。

物件売却のほかには、プランの変更で建築する物件が大きくなるため、物件自体の担保評価が上がったという理由もありました。

また、これまで事業を行ってきた「実績」

が認められたということもあると思います。

個人の方も、ほぼ満室で1年間運営できたので確定申告も恥ずかしくないものができました。また、忙しい現場で夜勤と残業をしまくった結果、サラリーマン年収だけで500万程度ありました。

高卒から働いているので、勤続年数も13年を過ぎました。マジメにやっていれば、銀行はきちんと見ていてくれるのです。

5 新築アパート2棟の収支予想と融資

次に、田舎の駅から徒歩1分の土地に新築している2棟のアパートについて紹介します。

簡単に説明すると、土地は坪7万円×90坪で、630万円。建物は2棟合わせて3300万円（地盤改良抜き）で、総額4000万円程度。

家賃は1LDKが7万円×2戸（家賃6・2万、共益費0・2万、駐車場2台0・6

上が1ルームの4戸1、下が2戸1棟の1LDKのメゾネット

万）、広めの１Ｒが５・５万円×４戸を見込んでいます。

２棟に分かれるので、全部屋、角部屋になります。利回りは10・５％を目指しています。

融資ですが、諸費用込みで４１００万円の案件に対して、信金さんから４０００万円を借りることができました。

実はこの物件では、前に２００万円で現金購入したガレージハウスを共同担保に差し出したことも、融資が通る一つの後押しになりました。

ガレージハウスは現金購入の無担保物件ですが、リフォーム費用と合わせ日本政策金融公庫から、無担保融資３００万円を引いています。（家賃６・５万に対し返済３万でＣＦは３・５万）。それが担保になるとはありがたい話です。

ちなみに条件は、融資額は４０００万円、期間25年、金利１・85％。法人のプロパー融資で、代表者保証のみです。

小さな行動でコツコツ実績を積んでいけば、大きな融資を引けるようになります。

こう書くと、なかなかスムーズに融資の話が進んだように見えますが、振り返ってみると、なかなか大変な案件でした。

①地銀に融資申し込みコケル
②信金に融資申し込みコケル
③中古アパート売却↓手持ちキャッシュアップ↓信金で融資が通る！
④アパートの仕様変更で、融資のやり直し
⑤土地の農地転用のペナルティー（農地なのに砂利が入っていた）で承認まで2カ月かかった（通常は1カ月）

新築は、このように手間や時間がかかることがありますので、気持ちにもお金にも余裕を持って臨むことが大切です。

私も新築がなかなか進まない時、中古物件やボロ戸建たちから家賃収入が入ってくるのが心の支えになりました。

6 人口1万〜3万規模の市町村で賃貸市場が壊れていない場所に建てる

どこにアパートを建てるか論争の際に、優位なのは人が多い都会です。

しかし、都会は融資がつきやすいため、ライバルが多く、勝ち抜くのに相当な資金や実力が必要になります。

一方、田舎は違います。都会のお金持ちは中古のRC一棟マンションを買いに来るくらいで、土地から買って手間がかかる新築木造アパートにまで手を出そうとはしません。

そこにチャンスがあります。

地方での投資に否定的な人は、人口が少ないことを理由にあげます。しかし、人口が1~3万規模の市町村でも賃貸市場が壊れていない場所があります。

私はまさに、そのようなエリアで新築アパートを建てており、完成後は敷金礼金もしっかりいただく予定です。

また、家から1時間以内の場所で勝負をしていますから、管理においても草を除去したり、清掃したり、空室があれば空気を入れ替えて芳香剤を置くなどはすぐに対応できます。

小さなことですが、入居率アップには大事だったりします。

地元に住んでいれば、道を一本挟んで手前は良いけど、奥側がダメとか、川を一本挟むとダメとか、同じエリアでも小学校の校区で人気が全然違うなどがわかります。

不動産業は地場産業であり、その感覚が優位性とも言えますし、自分が勝てる土俵で戦いたいものです。

もちろん、遠隔操作で不動産を運営して、成功している方も多くいらっしゃいますので、自分が絶対に正しいとも思っていません。自分の得意分野を開拓していきましょう。

このアパートを建てるのは、人口3万人程度と小さな市町村です。

しかし、6世帯埋まればいいと思えば気が楽です。

少子高齢化で、人口は減っていきますが、いきなり人口がゼロになる訳ではありません。

駅が近ければ、町全体の賃貸経営に陰りが見えたとしても、その影響は終盤になるのではと思います。「腐っても鯛」と言いますが、不動産では「腐っても駅近」です。

また、駅に近い優位性のほかに、インターネット無料（田舎では当たり前ではない）と、全部屋宅配ボックスを考えています。

固定資産税、不動産取得税、火災保険等、諸々ありますが、それでも関係費用以外使わないようにして、他の収入で賄っていけば、年間150万円程度は貯まっていく見込みです。

新築なので10年はあまり手がかからないと想定します。すると10年後に1500万円のキャッシュが口座に残っています（使い込まなければ・笑）。

金利の暴騰や想定外の出来事がなければ、10年が経過した時点での借入残高は2700万円です。この残債の金額2700万円で売れれば、「使い込まなかった1500万円」のキャッシュが残ります。

仮に3200万円で売却出来れば2000万円のキャッシュが残ります。（そこから税金は引かれますが）。

キャピタルゲインを狙えればより良いのですが、田舎の木造アパート投資では現実的ではありません。それより、キャピタルロスが出てもキャッシュが残る計画にすることが大事です。

今後10年程度、安定的に運用できれば、残債も減りますし、キャッシュフローを再投資に回すか、手を付けなければかなり安全圏に到達しています。（使い込みません・

笑）。

こうして、区分マンションの転売や激安戸建の賃貸や中古アパートの売却など、手間をかけてコツコツと積み上げてきた資金を、資産性の高い安定的（出口がとりやすい）物件に置き換えていくことで、お金持ちのエスカレーターに乗ることができます。

私はこの3棟のアパートが完成し、満室になった場合、100万円の家賃収入を得ることになります。それまでに買っている物件の家賃収入と合わせると月の家賃収入は141万円を超えます。

家賃収入から返済分を引いたキャッシュフローは約80万円となります。もちろん、本業の給料よりもずっと多い金額です。

その他に、過去の売却益で得たお金など、金融資産（現金）もあります。

自己資金100万円から始めた高卒製造業の人間が、体を酷使することもなく、精神的に負い目を背負うこともなく、もちろん違法なこともせずに、サラリーマンの仕事を続けながら、ここまで来られるのが不動産投資のすごいところです。

ちなみにですが、私が高卒で働いて42年後に貰える退職金は1400万～1600

万円程度だと言われています。

しかも、運良く会社が継続した場合ですし、「定年退職時2倍に加算」というように、最後の最後で受け取れるシステムになっています。

不動産投資の技術を身につけて、時間を味方につければ、10年程度で退職金レベルの資産を築くことができ、ある程度生活に困らない状態にもなれるということです。

そして、新築アパートを1つ、2つと無理なく進めていけば、より加速することも可能です。

「サラリーマンでも」出来る投資ではなく、「サラリーマンだからこそ」出来る投資を行っていきましょう。

【6章 〝ふんどし王子〟の格言！】

・中古物件からの家賃収入や売却益で現金ができたら、資産の高い物へシフトして、経営の安定性を高めていく！
・残債のある築古の木造物件は融資の足を引っ張ることもある！
・現金買いのボロ物件でも共同担保に使えば融資付けに有利になる！
・新築では人口が少なくても賃貸市場が壊れていない場所を選ぶ！
・新築物件を10年持ってから売ると、家賃収入と売却益で1000万円単位のお金が残る！

○ふんどしメモ

新築物件を一定期間貸し出してから売却すると、まとまったお金が残る。そのお金を次の物件購入に回すことで、お金持ちのエスカレーターに乗ることができる。少ない自己資金で始めても、高利回りのボロ物件でお金を貯め、新築に進むという段階を踏むことで、誰でもこの段階までくることはできる。

サラリーマンを続けながら、これだけの資産を築けるのが不動産投資のすごいところ。

コラム

厳しい家庭環境に感謝

私は子供時代も、お年玉などお金が入ると釣り竿を買ったりして、すぐに使ってしまうタイプでした。

ただ、祖父がものすごい働き者で、「はたらけ、はたらけ」と言いながら、朝は新聞配達、昼は土木作業、夕方からは畑仕事と、一日中身体を動かしている人でした。

僕たち兄弟も小学校の低学年の頃から新聞配達の手伝いをしていて、5年生くらいからは別に牛乳やヤクルトを一人で配ることもありました。

そういう意味で、稼ぐことの大変さを知っている子どもだったと思いますし、今でも身体を動かして働くことが苦になりません。

ちなみに祖父は自分が新聞配達をして稼いだ250万円を全部、長男名義の口座に遺してくれました。祖父が亡くなったときに、兄弟5人で50万円ずつ分け合い、そのお金も不動産投資のために使わせてもらいました。

また、裕福でなかったからこそ、みんな、お金のありがたさを知っていましたし、どうしたらお金が増えるのかということに、敏感になったと思います。

僕は5人兄弟の末っ子で、母ちゃんから「お父さんに感謝しなさいよ。私はあんたを生むか迷ったんだけど、お父さんが生んでくれっていうから生んだんだから」と告白されたことがあります（笑）。

父とは昔は仲がいいとは言えませんでしたが、もう大人ですので、そこのところはうまくやっていきたいと思います。

今となれば、生んでくれただけでもありがたいという気持ちになります。

兄弟が多いことも自分にとってはプラスでした。

私に『金持ち父さん・貧乏父さん』を貸してくれた4才上の兄は、高校時代にネットビジネスでサラリーマンの給料並の利益を得るなど、商売のセンスのある人です。僕が借金して最初のアパートを買ったときも保証人になってくれました。

今でも私のやることをいつも応援してくれます。

成功している大家さんの特徴として、一族の仲が良いことが上げられます。

5人兄弟の末っ子で出来の悪かった僕ですが、これからは自分の家族を大切にすると同時に、親孝行もしていけたらと考えています。

第7章

低属性から始めて、お金持ちへの階段を上る「大家さん仲間たち」紹介！

目立った取柄もない私が、不動産投資でここまで順調に進んでこられたのは、仲間がいたからという理由が一番大きいと思います。

皆で勉強会を開いたり、その後の懇親会で盛り上がったり（むしろこちらがメイン）、銀行や業者さんを紹介しあったり、物件を見せあったり、切磋琢磨してきました。

私は今回、幸運にも本を出させていただく機会を得ましたが、私の周りには、私よりもずっと成果を上げている仲間も多くいます。

ほとんどが高属性といえる身分ではないですし（失礼！）、自己資金も十分にはありませんでしたが、数年で、田舎の平均年収を大きく上回る家賃年収を稼ぐようになっています。

その仲間たちが、どのようにして小金持ちになったかを寄稿してもらいました。

特に注目してほしいのは、高利回りの中古アパートやボロ戸建からスタートした皆が、物件の売却を経て、新築に移行することで一気にステージを上がるところです。

読み終わったらきっと、「自分でもできる」と感じてもらえると思います！

一人目

パワハラ社長の下で血尿を出しながらのサラリーマン生活
メルカリで自己資金を貯めたクレイジーマインドの持ち主・ポールさん

プロフィール

名前：ポール（33才）／職業：サービス業／学歴：大卒／投資歴3年

☆所有物件：8戸アパート、7室シェアハウス、戸建7戸、転貸戸建6戸、（6室と8室の新築アパート2棟を建築中）／家賃年収：900万円（建築中の2棟の新築を入れると1800万円）／返済比率：28%（転貸戸建の支払い含む）（建築中の2棟の新築を入れると39%）／借金：1000万円（建築中の2棟の新築を入れると9600万円）

パワハラとハードなアルバイト生活で血尿が出る

富山の破天荒クレイジー不動産投資家（自称）のポールと言います。

僕は今でも3交代勤務をしているサラリーマンです。

僕が不動産投資と出会ったのは3年前。当時の僕は会社の給料が安かったため、会社に内緒でこっそり外仕事のアルバイトをしていました。外仕事のアルバイトというのは地面の穴をスコップで掘ったり、杭を大きなハンマーで打ったりという典型的な土木作業でした。

そんなとき、本業の会社の社長が変わり、外部からやってきた人間が社長になったのです。

新しい社長は暴言、パワハラを日常的に行うような人で、従業員は次第に耐えられなくなり、先輩後輩も次々に辞めていきました。

「次に心を病んで辞めるのは俺だ・・・」と本

気で思いました。

その頃、雪の中でアルバイト中、トイレを我慢できず、おしっこをしました。普通は「レモン味のかき氷」みたいになるのですが、その日は「イチゴ味」ができてしまったのです。

血尿です。僕は女の子のように、「きゃーーー!!」と悲鳴を上げていました。

本業のパワハラと肉体労働アルバイトで精神と肉体はズタボロにやられ、「このままじゃ死ぬな」と本気で思いました。

その日からこのままじゃいけない、なんとか現状を変えなくては！　とすがる思いでパソコンで「副業　富山　〇〇」と毎日検索しまくりました。

すると、サラリーマン投資家のパイオニア、吉川英一先生のブログにたどり着きました。

そして、吉川先生のブログのリンクから、「高卒製造業が一番金持ち！」というふんどし王子のブログを見つけました。

なんだと！　近所の同年代でこんな人がいるのか?!　と全身に稲妻が走り、頭の中で何かが爆発しました（これがのちのクレイジーマインドとなる）。

「俺も不動産投資をするしかない」「この人に会えば俺の人生が変わる」「この人に絶対会いたい」と、その日からふんどし王子のネットストーカーを始めました。

一度決めたら猛烈に突き進む性格のため、朝は土木作業のアルバイト、昼は本業、夜はキャバクラのボーイ、それが終わってからダーツバーでバイト、という朝から晩まではなく、文字通り、朝から朝まで血尿を出しながら寝ずに働き、さらに新車で買った車をたった一年で売り（400万円で買ったのに一年で250万円になった・泣）、他にも身の回りのものはすべて売り払い、不動産投資のための投資資金を必死の思いで貯めました。

「憧れのふん様に会うまでに物件を買って『大家さん』にならなければ、仲良くしてもらえない!!」と本気で思っており、それも原動力になっていました。

ただ、最初から借金というのは抵抗があり、まずは4LDKの区分マンションを現金で買いました。350万円で買って家賃は5・5万円なので、利回りは18％（売り出し価格450万円、銀行評価額は650万円）。晴れて大家さんになれたのです!!

しかし、実際に運営してみると「350万円も出して5万円って手残り少なすぎ（汗）」というのが正直な感想でした。

ちょうどそのころ、ふんどし王子がセミナーを開催するという話を聞き、思い切って参加しました。

すると、憧れのふん様は、シルバーフレームのインテリ眼鏡をかけており、「闇金ウシジマくん」の山田孝之ような外見で、「なんか怖そうな人だな・・・」と少しがっかりしました。でも、話してみるととっても優しくて面白い人でした。

新築アパートの失敗を取り戻すためにメルカリビジネスを始める

その新築セミナーを受けて、「俺も新築を作ろう」と決意しました！

そのときは今のように仲間もいなかったので、無謀にもほぼ無知のまま、区分を共同担保に入れ、親に保証人のお願いをして命がけで融資してもらい、新築アパートを作りました。

しかし、見事に間取りを失敗し、2カ月たっても全室空室でまさかの破産の危機が訪れました。破産を回避するための方法を模索する中で、メルカリに出会いました。

そして、死に物狂いでメルカリビジネスに挑戦した結果、奇跡的に大儲けするノウハウを編み出したのです！！

今日は特別にそのノウハウを皆様に少しだけお伝えしちゃいます。


メルカリでは、海外の通販サイトから安く商品を仕込み（アウトドアとかキャンプ用品）、日本ではそんなに安くせず、今すぐ欲しい客に販売しました。その他に、バレンタインの時期にチョコレートの型枠などのキッチン用品、クリスマスシーズンにおもちゃを売ったりました。

あと、時期に関係なく良く売れたのが、携帯カバーです。

頭のいい人は在庫リスクや売りやすさから、金額の大きいモノを選びますが、僕は仕入れと売却の差額が1000円以上抜けそうなものは、なんでも扱いました。

1つ1000円だと少なく感じますが、1日10個売れれば1万円で、20日で20万円です！

時給から換算すると、とても高くなります。


クリスマスシーズンなどは1日最大で70個発送し、気が狂いそうになりました。

ポイントは何を売るかですが、ヤフオクならオークファン、メルカリなら取引終了したものを観察し、良く売れる商品を探していました。

注意点としては、海外から仕入れるので届くまでにタイムラグがある点です。また、自分が好きな趣味や、知識が深い分野の商品を研究すると取り組みやすいです。

これまでに、月の最大売り上げが80万円で、利益は50万円くらい出ました。

稼いだ金額は総額約500万円。不動産の頭金を作るのにも使えますし、不動産投資におけるリスクヘッジにもなると思います。

僕はサラリーマンの仕事とバイトをしながらでもできたので、皆さんもできると思います。

メルカリビジネスについてはけっこう本も出ているので、参考にしてみてください。

初心者の方に伝えたい2つの大事なこと

さて、メルカリで大儲けしだしたころ、無事に新築も満室になりました。しかし、相当焦りました。この時の経験から、メンターや仲間の大切さをとても感じました。

僕が物を言える立場ではありませんが、あえて初心者の方にアドバイスをするなら、二つあります。

①死なない投資をすること
②素敵なメンター、仲間をみつけること

①の「死なない投資をすること」はふんさ様もよく言っている言葉ですが、幸せになるために不動産投資をしているので、無理をしないということです。

とはいえ、借金がダメというわけではありません。現金で不動産を買い続けることは不可能ですし、スピードが遅すぎます。融資を使えるのは、不動産投資の最大の魅力です。

大切なのは、きちんと勉強して、儲からない物件を買わないようにする、ということです。

前に県外のセミナーで出会った人で、「1億のRC買って、手残りは100万円です！」と話していた人がいたので、「おー、月のキャッシュフロー100万円ならいい物件ですね！」と言ったら、「年間キャッシュフローが100万円です・・・」というオチでした。

1億の物件を買ったのに毎月のキャッシュフローが8万円ではヤバいと思いました。

何室あるのかわかりませんが、2室空室になると自分の貯金を切り崩すことになり、まったくもうからない、まさに借金コンクリートを買ってしまったということです。

こんな事態を防ぐため、僕がオススメする投資方法は、最初は評価額以下（できれば評価額の半額以下）で資産性の高い戸建や区分を現金で買い、実績と資産を作る。

次に、そこからの収入を使わず、銀行に自分の事業の健全性、バランスシートをアピールし、それを共同担保に入れ融資を受け、一棟物を返済比率50％以下で購入する。

これがうまくいけば繰り返していく、というやり方です。

加藤ひろゆきさんの名言

「成功したことをひたすら繰り返す」

僕はボロ戸建を連続で買っていますが、それではキャッシュフローの伸びるスピードが遅いので、一般の方にはおすすめしません。（僕ちゃんのように逸脱した天才投資家以外（笑））。

やはり、レバレッジをかけてなんぼだと思います。僕も今、新築2棟を建てています。この2棟が完成すれば、月のキャッシュフローは100万円になります。「僕ちゃん天才!!」

②の「メンター、師匠、仲間を見つけること」についてですが、今の自分があるのは、吉川英一さん、サンデー毎日倶楽部の方々、ふん様がいたおかげです。

東京に生まれていたら、サンタメ業者に型にはめられていたかもしれません。素晴らしい教えの師匠、先輩方のおかげで道を外れることはなかったし、違うことは違うとなんでもはっきり言ってくれる仲間のおかげで、ここまで来られたということです。

そういう仲間を見つけることは僕はとても大切だと思っています。

やはり不動産というのはすべてご縁でつながっている、と僕は思っています。

情報やノウハウだけクレクレ君や不義理をはたらく人（幸いにも富山ではあんまり見たことないですが）は誰も仲良くなりたいと思いませ

ん。「人が自分に何をしてくれるか」ではなく「自分が人に何をできるか」を考えることが大切ではないでしょうか。

僕はふん様が65万円で購入した、家の中に緑の草木が生い茂る、天空の城ラピュタみたいな家、通称「ラピュタハウス」をリフォームしたのですが、中は超絶ごみ屋敷で食いちぎられたネズミの白骨死体があるような状態で、正直「バルス！（2章参照）」と唱えたかったです。でも、「僕の自費で直させてください！（その代わり）家賃は折半しましょう（笑）」と申し出ました。

当時はDIYのノウハウなど一切なく、ゴミ捨てから一人でやったので時間もお金もかかりましたが、僕もいい経験がつめましたし、家賃も4万円くらいはもらえるレベルに直せましたし、今のクレイジーマインドを発揮させてくれた記念すべき物件となりました。なによりもふん様が喜んでくれたのが嬉しかったです。

ここまでしろとは言いませんが、やはり支えてくれた方々には感謝の気持ちを伝えることは大切だと思います。

僕は「自分がこうしたいから絶対にやる、絶対にやりたい」という性格なので、「自分に見返りがほしいからやった」ということは全くないのですが、不思議となんだかんだ自分にも幸せなことが返ってきているように思います。

経済的自立を果たしたらパワハラ社長に意見できるようになった

不動産投資を始めて経済的に自立することにより心が安定し、本業のほうでも、いつクビになっても構わないと思うようになりました。

社長にもおかしいことはおかしい！　と言えるようになったため、周りにも頼りにされ、認められ、うまくいくようになり、今では実質の社長状態になることができました（笑）。

来年には、サラリーマンを卒業しようと思っています。

パワハラ社長はいまでも在籍していますが、有能な社員たちも新入社員もすぐに辞めるので、「どうなっているんだ!!」と役員会で糾弾されて以来、僕や社員の言うことを第一に尊重してくれるようになりました（あの頃のパワハラぶりが嘘のようです）。


僕は幼いころから図工やプラモデルが大好きだったんですが、今はボロ戸建という巨大なプラモデルで遊べるようになりました。

今の僕にとってボロ戸建再生は「遊び」といえるくらいまできました。遊びながらお金も稼げるので最高に楽しいです。

本当に不動産投資と出会うきっかけになったふん様には感謝しています。もう言葉には表せないくらい感謝し、そして大好きなんです（ウホッ）。


サラリーマンをリタイアしたら一緒に世界一周旅行に行こうねと約束しています。そのためにも今はキャッシュフローを使い込むのはお互いやめましょう（笑）。

こんな素敵な仲間に出会えたことに感謝しています。

この本の読者の皆さんも、楽しくお金を稼げるように行動してみてください！

二人目

中古RC物件で死にかけるも、都会の投資家に売却してサバイブ！数々の苦難を乗り越え夢を叶えた

プロフィール

名前：グッチー子沢山（32才）／職業：会社員（製造業）／学歴：高卒（ふんどし王子と、入学式で席が前後）／投資歴：5年

☆所有物件：戸建3棟、アパート4棟／家賃年収：2100万円／返済比率：35%／借入：1億3000万円

ネットワークビジネスよりいいものがあると、不動産投資を教えられる

ふんどし王子（以下ふんどし君）とは高校時代の同級生です。子供が5人いるため、ふんどし君からは「グッチー子沢山」と呼ばれています（汗）。

私は昔から起業に興味があり、高校卒業後は同級生たちが進学、就職する中、飲食店でバイトをしつつ、独立に向けて修行をしていました。ただ、女の子のいる飲食店でしたので、子供ができてしまい、二十歳にして結婚することに（汗）。

それからは、家族と自分の生活のため、地元では安定しているといわれる製造業に転職し、正社員として勤めることになりました。

そんな私が不動産投資を始めたきっかけは、高校卒業後、しばらく会っていなかったふんどし君に、怪しげなネットワークビジネスの話を

相談したのがきっかけでした。

そのとき、ふんどし君から、「ネットワークビジネスなんて、多額の入会金を支払って、せっかくの休日を費やして客を集めても、儲けのほとんどは胴元に取ってかれるんや。そんなものより、他人のお金で初めることができて、自分が寝ている間もお金を稼げるビジネスがあるぞ」と、教えられたのが不動産投資でした。

最初はそんな美味しい話があるわけないと半信半疑でしたが、ふんどし君と一緒に物件見学をしたり、先輩投資家さんの話を聞いたりするうちに、自分でもやってみたいと思うようになりました。


私の最初の物件は、元自宅の戸建です。築20年程度の小さな中古住宅でしたが、購入から5年程度が経過した頃、返済も進んだため、貯金で繰り上げ返済をしました。プラス、勤続年数も増えたので、新たに住宅ローンで自宅を取得し、引っ越すことにしました。

それを機に、最初の自宅を貸し出したのです。

一度、「家賃収入をもらう」という経験をしてしまうと、早く次の物件が欲しくなるもので、それ以降、ネット検索や不動産屋巡りに励むようになりました。

そして最初の物件を貸し出してから約3カ月後、街中で築10年、利回り約14％の木造アパートを見つけました。問い合わせを入れると2番手でしたが、1番手の方の指値が厳しすぎて、僕に順番が回ってきました。

本当は中古なら利回り15％は欲しいと思っていましたが、築年数の浅さと立地の良さから、指値なしで購入を決定。幸い、銀行が20年のフルローンを付けてくれ、返済比率は50％以下に収まりました。

この物件の購入で勢いが付き、年内にもう一件、築26年、利回り17％の軽量鉄骨の物件を取得。すぐに次も欲しかったのですが、税金のことを考えて、まず法人を設立しました。

その後、過去に物件を紹介してくれた不動産屋から、「難ありだが高利回りの物件がある」と情報をもらい、すぐに見に行きました。

競合が多い地域で、駐車場が部屋数の半分以下で、おまけに空室には残置物もりもりという物件でしたが、利回りが22％と高かったので、自分の労働力を投入すれば何とかなるだろうと思い購入することに。

法人では初めての物件取得でしたが、個人のときと同様に銀行に資料を持ち込み打診すると、金額が小さかった事もあり、担当者から数日で「大丈夫です」と返事がありました。

すぐに不動産屋に「融資内諾が出たので買います」と連絡し、数日後には契約書を交わし、手付金を支払って決済日の調整へ向かいました。

ところが、担当者が「決済はもう少し先でも大丈夫でしょうか？」というので、疑問に思って理由を聞くと、「実はまだ、上の許可が下りてません・・・」という返事が。

すぐに銀行に行くと、担当者とその上司数名が平謝り。私は怒りを抑え、その日のうちに融資の許可をするよう交渉しました。

結果、数日遅れることになりましたが何とか無事に決済をすることができました。この事があって以降、どの銀行でも、「融資可能証明書」をもらっています。

中古RCマンションを買うも多額の修繕費で死にかける

1年後、ふんどし君が地元の30代の大家さんを集めて「若手大家の会」を結成し、情報交換や物件見学を行うようになりました。私も交ぜていただき、色々な刺激を受けました。

そんなときに築30年のRC一棟マンションを不動産屋から紹介してもらいました。入居は16

分の1でしたが、利回りは35％。リフォーム後でも25％出る計算で、完全に目が眩みました。

古いRCは屋上防水など色々お金がかかると先輩方が言っておられたので不安はありましたが、さすがにこれだけの利回りがあればカバーできるだろうと購入しました。

融資は築古でも最長20年借り入れできる日本政策金融公庫にお願いし、リフォームと諸費用は自己資金という内容で、土地建物分のローンを引くことができました。

その後、内装や設備関係を一新し募集開始。単身とファミリーの複合でしたが、家賃が安かった単身から入居が決まっていきました。

出遅れたファミリーにはふんどし君と一緒に家具を設置して家具付き部屋としたところ順調に入居が決まりだしました。ところが、安心し始めた矢先に管理会社から突然「募集を停止する」と連絡が入りました。

実は、ファミリーの区画は水道管の錆がひどく、とても生活できる状態ではなかったのです。購入時に水道は出しましたが全室確認したわけではないので気がつきませんでした。

半分の8戸分が使用不可。しかもファミリーなので改装費用が多くかかった上に、家賃の高い部屋です。配管取り換えやライニング処理などいずれも数百万〜一千万近い見積もりになりました。

リフォームと諸費用で手持ち資金のほとんどを使ってしまっていたのでショート寸前。「人生終わったな」と思い、完全に気が滅入りました。

数カ月は抜け殻でした。そんな中、若手大家の皆さんから色んな意見をもらいました。

中でも気になったのは、「今は金融緩和で田舎の物件も高額で売買されている。都会の人が買うかもしれないから売りに出したらどうか」という意見です。

早速、お世話になっている不動産屋に電話すると、「その利回りなら、すぐに都会の方が買われますよ！」という返事があり、すぐに売りに出しました（都会は怖いですね）。

これはチャンスと思い、別の物件も利益確定のため売却するとすぐに買い付けが入り、サラリーマンの年収以上のキャピタルゲインを得ることができました。

ドタバタだった新築アパートと次の夢

これで完全に復活した私は、新築に向けて進んでいきます。

価格の安い土地を探していると、問い合わせを入れた不動産屋から、比較的坪単価の安い田んぼがあると教えてもらいました。接道が三面あり、効率よく配置できそうな場所です。また、周りの分譲地は新築住宅が建っており、路線価も倍程度だったので購入を決意。

仲間の大家さんにイケイケの建築業者さんを紹介してもらい、広めの1LDKメゾネットでプランニングしてもらいました。利回りは10％を超える計画。さらにイケイケの金融機関に、諸費用も含めて融資をしてもらいました。

ところが、工事が進みません。建築業者が受注しすぎて職人が足らないのです。3月に入っても内装が手つかずで内見できないというピンチもありましたが、最後は大急ぎで仕上げてもらい、敷礼0にフリーレントもつけて、無事に満室にすることができました。

なんだかんだありましたが、今年も新築融資の内諾がでましたし、築古ですが高利回りの戸建の取得もいくつか進めているので、来春にはCFが目標を達成できそうです。

また、最近はCFや資産を増やすよりも「自分がしたいことをしながら残りの人生を生きたい」という思いが強くなってきています。

家族でゆっくり旅行に出かけたり、若手大家の皆さんと世界の物件を見学したり友達と長距離ツーリングに出かけたり、考えるだけでワクワクします。

今、10年前に漠然と描いていた夢が現実になるところまで来ています。

最初はただの夢だったとしても思い描いて諦めずに行動すれば叶うのです。それを、自分自身で証明できればこれほど嬉しいことはありません。

そしてこれからはふんどし君が誘ってくれたように、同じ夢を描いている友達に不動産投資を伝えて、幸せの輪を大きくし、もっともっと人生を楽しいものにしたいです。

三人目

区分→中古アパート→新築アパートの王道で家賃年収2500万円 ふんどし王子のブログを3回読んだPP大家さん

プロフィール

名前：PP大家（34才）／職業：事務員／学歴：Fランク大卒／不動産投資歴：3年9カ月

☆所有物件：アパート6棟　戸建1戸　合計53室／家賃年収：約2544万円／返済比率：約38％／借入総額：約1億3000万円

将来に危機感を感じ、独学で不動産投資をスタート

これからの時代はただ会社に勤めていても厳しい時代になる。将来を考えると、何もしないことが最大のリスクである。以前からそう感じていました。

将来のために貯金はしていましたが、何の勝負をすればいいのか分からず、FXで負け続け、逆に貯えを減らす日々が続いていました。

そんな時に本屋で不動産投資の本に出会いました。直観的にコレだ!!　と思い、その後、不動産関係の本を100冊以上読み、セミナーに参加するようになりました。

まず、金額の少ない区分マンションを探してみましたが、家賃が管理費等を引くとお金があまり残らないと思い、購入には至りませんでした。

セミナーで不動産投資をされている先輩方と話をするうちに、一棟の中古アパートを購入し

ようと決めました。

それからは休みの度に不動産会社へ飛び込みをして、物件情報を集めました。

また、自己資金を貯めるために、生活費は私の給料で賄い、ボーナスと妻の給料はすべて貯金に回しました。おかげで自己資金を800万円程度作る事が出来ました。

その後も不動産会社を回り続ける中で、某国立大学近く、築18年で1R×12室、価格2700万円、利回り22％の物件に出会いました。

この物件を日本政策金融公庫から融資を受け購入し、大家デビューする事ができました。

それからもセミナーなどに参加していると、ふん様に出会いました。そのスター性に惹かれ、気づいたらファンになっていました（笑）。

それからは毎日ふん様のブログをチェックし、ブログを一話目から全て、3回も読みました（笑）。ふん様のブログの一話目の話が大好きなので抜粋します。

原則
『人生には種を蒔く時期が必要です。』
『そして実るまで時間がかかります。』
さて、今は種を蒔く時期な私。

20代前半でこの考え方!! ふん様は本当に天才です。

その後も銀行からの融資を有利にする為に、今まで通り貯金を続け、また、一棟目のアパート家賃の全額を貯金しました。アパートに係る修繕費用や税金なども全て給料で支払い、家賃の入る口座からは一度も出金しませんでした。

しばらくするとネットに木造築22年で1K×8室で890万円。しかし、8分の2しか入居していないという物件を見つけました。

すぐに現地に行って周りのアパートの空室率を調べたところ、空室率が高く、一般的には投資が厳しいエリアだと感じました。ただ、オーナーがやる気のない人ばかりのようなので、セルフリフォームを行えば埋められると思い、50万円ほど指値をして、日本政策金融公庫で融資を引き、840万円で購入する事ができました。

11月に購入し、仕事の休みを利用して妻と幼い子供を連れてセルフリフォームしました。リフォーム費用に100万円近くかかりましたが、3月には満室となり、リフォーム後の表面利回りは約30%となりました。

その翌年の8月に築24年・1K×8室で670万円。ただし入居率8分の1という物件情報が来て、迷わず購入しました。この時も日本政策金融公庫で融資を引きました。

リフォーム費用は約250万円かかりましたが、3月末には満室にする事ができ、リフォーム後の利回りで約31%を達成する事ができました。

この3棟目の物件と同時に木造築9年・1K×9室で2500万円。しかし、入居率は8分の3という物件を紹介されました。入居率は低いけれど改善できると思い、地銀で融資を引いて購入しところ、3月末には満室となり、リフォーム後の利回りで16%となりました。

その後も中古のアパートや戸建を購入し、お金を貯めてきました。

しばらくすると、場所が良くて安い土地の情報が出て来たので、新築アパートを建てる事にしました。

新築アパートを建てる為には融資を引く事が大事になるので既存の物件の入居率は常に95%以上を意識していました。新築アパートはわからない事ばかりでしたが、信頼できる先輩大家さんにサポートしてもらい、無事に完成する事が出来ました。

今から始めるならこうする

私が今から始める場合ですが、自己資金を500万円以上貯めて日本政策金融公庫で融資を引き、築古でも利回りの高い中古アパートを購入します。

自己資金を貯める方法ですが、固定費の削減をおススメします。住宅費用、携帯費用、保険料、車費用、これらを節約することで、1年間で100万円程度は貯金できると思います。

私は実家には住んでいませんが、いまだに家賃4万5000円程度の格安アパートに家族みんなで住んでいます（笑）。

貯金ができたら高利回り中古アパートである程度レバレッジを効かせ加速し、その後、貯めたお金で新築アパートを建設します。

その後は借金をあまりせず、キャッシュフローを利用して現金で築古アパートや築古戸建を購入して返済比率を下げるなど、自己資本比率を高めて行けばいいと考えています。

私自身は、最終的には無借金でキャッシュフロー月200万円を目標としています。

今の時代、高利回りの中古アパートなんてないと言う人がいますが、そんなことはありません。私の探し方ですが、自分の住んでいる地域の不動産会社を地道に一件一件回ると、たまに高利回りの物件に出会う事があります。

また、インターネットに掲載されている物件でも意外と大きな指値が通ったりします。

通常の利回り物件を高利回り物件に生まれ変わらせる事も可能です。

空室だらけの物件を満室にするのは本当に楽しいので是非チャレンジしてみて下さい。

私の最終的な目標は自由でやりたい事をやれる人生を送ることです。

死ぬ時にあぁ〜いい人生だったと笑って死ねたらなと思っています。

具体的には、家族と楽しく過ごし、好きな仲間と楽しい人生を送りたいです。

私を若手大家の会に誘って下さり、素敵な仲間との縁をくれたふん様には、本当に感謝しています!! 本当に大好きで尊敬しています!!

そのメンバーに入れた事で自分自身、成長する事が出来ました。

今後は自分自身が周りにいい刺激を与える事の出来るよう成長する事が恩返しだと思っているので今まで以上に頑張ろうと思っています。

みんなで刺激し合って、成長して、全員で成功したいです。

四人目

得意のペンキ塗りを通じて不動産投資の知識を吸収
1年目の失敗を見事にリカバリーしたペンキ屋ペンちゃん

プロフィール

名前：ペンキ屋ペンちゃん（31才）／職業：建築塗装／学歴：高卒／不動産投資歴：2年4カ月

☆所有物件：アパート3棟、戸建1つ／家賃年収：823万円／月の返済：40万円／借金：5768万円

1年目に買った3棟は失敗だった

私は富山でペンキ屋をやりながら副業で不動産投資をしています。

知人がアパートを買うという話を聞いて、私もやりたいと思い勉強を始めました。

不動産投資を始める前の貯金は80万円しかありませんでした。

高卒で21歳の時に子供も産まれ、住宅ローンと子供3人を抱え貯金は80万円という苦しいスタートでした。

不動産投資を始めるにあたっては、加藤ひろゆきさんの本や吉川英一さんの本に影響を受けました。そしてアットホームなどのサイトを見ながらいい物件がないか探すようになりました。

しかし、失敗してしまいました。1年目で3棟も買ったのに、どれも利回りの低い物件だったのです。

一棟目は築30年の軽量鉄骨で間取りは2DK×4部屋、利回りは15％です。

これは屋根から雨漏れがあり、屋根の葺き替えが必要でした。今思うとこれを理由に指値を入れることも十分に可能でした。

しかし、これをそのままの値段、1200万円で買付を入れました。プラス、仲介手数料の46万円、所有権移転費用の22万円、屋根の雨漏り修繕の80万円、1部屋退去があり、リフォームに40万円と、かかる費用がどんどん膨らみます。

そこで、日本政策金融公庫から、物件価格1200万円に対して300万円オーバーの1500万円を借りました。期間は20年です。

毎月の家賃は16万円。毎月の返済は7万6千円。一見お金が残りそうですが、管理費、電気代、浄化槽などの費用を引くと毎月のCFは7万円ほどでした。

1部屋退去が出てしまうと、CFが毎月3万円しかないという状況でした。

そんな勉強不足でスタートした状態なのに、この年にあと2棟買ってしまいます。

その一つが築30年の重量鉄骨アパートです。間取りは1LDK×1戸、2DK×1戸で、合わせて2部屋の小さな物件です。これは利回り13％の1100万円で買いました。

今なら絶対に買いません（笑）。

そして次は、滑川市という田舎に築9年で3650万円の木造アパートを買いました。利回りは13％です。

これが田舎でなければ悪くはない投資なのですが、土地が102坪なのに対して積算価格が300万ほどの価値の低い土地です。これでは売却するときに銀行の融資が付きにくく、出口戦略としてはかなり苦戦することは間違いないと思います。

ふん様の戸建のシャッターをペンキで塗りながらノウハウを学ぶ

このままではマズいと思った私は、富山市で行われているセミナーを探し、ポール&ふんどし王子の不動産セミナーに参加しました。

ここでお二人に出会い、後日、ふん様の戸建ての手伝いをさせて頂く事になりました。

私はペンキ屋です。「お金はいらないので手伝わせてください」とお願いしました。

ふん様の戸建てのシャッターをふんどしの赤ということで、赤色のかなり目立つファンキーな色合いに仕上げました(笑)。

そのお礼にと、二人は指値のコツなどの質問に答えてくれました。

さらに、富山若手大家の会に誘っていただけました。この会のライングループに入ってからは、色々な知識を手に入れる事ができました。

人生の運を使い切るぐらいラッキーな人生の分かれ道だったと思っています。

ふん様のお手伝いで得た知識を使い、家の近くに出ていた220万の築46年のおんぼろ戸建てを80万で指値をして、無事に買うことができました。

これを200万かけて直し、家賃5万円で埋まりました。利回りは20%です。

そして次は、また家の近くに150万で出ていた物件に指値をして、50万円で買うことができました。この物件はラッキーなことがあり、室内の残置物の方付けをしていると、たまたま家の近くを通った方に売って欲しいと頼まれ、「じゃあ270万でどうですか?」と言ってみるとOKが出たので売却を決めました。

この売却のおかげで資金ができたので、新築にチャレンジすることにしました。

新築は今、土地を決済したところなのですが、土地が1250万円、建物が5500万円のプランです。

間取りは1LDK×10室で年間家賃が763万円。仲介費用や不動産取得税などの費用を引いても表面利回りは10％ちょいになる予定です。

融資は地元の北陸銀行で満額借りることができました。期間は30年です。

これからは新築を運営しながら、戸建てを50万から100万くらいで買い進めて、賃貸と売却をしていきたいです。

そして、もっとリフォーム技術を高めて、自分が住む家を探している人に売却できるような戸建てを提供してみたいと思っています。

利回り15％で投資家に売却するよりも、建物をペンキなどうまく使い、できるだけコストをかけず付加価値を付けて実需向けに売却したほうが大きく利益がとれる場所が、けっこうあるからです。

大家業で大切なのはコミュニケーション能力

今から自分が投資を始めるとすれば、戸建てから始めると思います。

50万から100万ほどで家を買い、家賃は4万から6万円ほどを目指します。

リフォームは家賃から逆算して利回りが20％以上、できれば30％を目指し、お金を突っ込み過ぎない事を一番に考えます。

ペンキの塗装やクロスやクッションフロアなど、ほとんどがユーチューブにやり方が載っていますので、そこから勉強していけばＤＩＹは十分可能だと思います。

大家業はコミュニケーション能力が一番大事だと思います。

しかし、私は人見知りで話下手です。でも、そんな事を言っていたら誰も相手をしてくれないので、自ら大家の会や飲み会などの場所にどんどん参加するようにしています。

ふん様もポールさんもコミュニケーション能力がとても高い人です。誰とも仲良くなれて、とても羨ましいです。

そんなすごい方は自然と物件のレベルも上がっていき、気が付けば凄い速さで成長されています。私もどんどんと男を磨き、成長していきたいです。

今回はこのような機会を頂いたことに、そして私に戸建て投資での成功への道を示してくれたふん様に心から感謝しております。

もしＤＩＹ時に必要なら呼んでください。身体でお返しします（笑）。

五人目

戸建、アパートからシェアハウス、ホテルまで 大学卒業と同時に不動産投資家になったチャケウピーさん

プロフィール

名前：チャケウピー（30才）／職業：自営／学歴：大卒／不動産投資歴：8年
☆所有物件：文章内通り／家賃年収：6300万円／返済比率：43%／借金：2億3000万円

不動産投資をしていれば・・・と悔やんだ高校2年の夏

チャケウピーと申します。新卒大家とも呼ばれています。

ふん様とは僕が22才の時に出会い、8年の付き合いになります。年齢が近いということで、弟のように可愛がってくれています。（ふん様が泥酔した時は僕が介抱係です・笑）。

簡単ですが、僕の経歴を紹介させて頂きます。

不動産投資との出会いは高校2年生の時で、吉川英一先生の著書『そして私は「金持ちサラリーマン」になった—全国4000万人のサラリーマンに贈る、誰もがお金持ちになれる法則』（新風社）を本屋で立ち読みし、父親にこんな本があるよと紹介したのがきっかけでした。（吉川先生、その場で買わなくてごめんなさい（汗）。でも、その後しっかり購入させていただきました！）

父親を含め、親族にもなんらかの投資をしている人はおらず、その時は軽く流されました。

その数カ月後、父親は母親と5人の子供を残して急死してしまい、結局、父親が不動産投資をすることはありませんでした。私が高校2年生の夏でした。

父はリストラにあったばかりで、相当な心労があったようです。

あの時にもっと熱意をもって親を説得していれば、少しでもいいから給料以外の収入があれば、父は亡くならなかったかもしれないし、亡くなったとしても、その後は余裕を持って生活できたかもしれないと、未だに悔やんでいます。

振り返れば、この時から人一倍、お金に対してシビアになったのかもしれません。

一戸建ての2階をシェアハウスに

その後、アメリカ留学を経て富山の大学に入学し、卒業間際の22歳の3月に一軒家を購入しました。

大学在学中から物販を始め、そのまま就職をせず独立することにしたのは良かったのですが、倉庫20畳分と自分の家を借りると月15万ほどになってしまいます。

そこで、古くてもいいから大きな一軒家を購入することにしたのです。

物件は自己資金200万と母親から借りた200万で取得しました。

10DKの大きな家でした。一階は事務所、倉庫、キッチンなどの水回りがありました。2階は広かったので、後輩と一緒にシェアハウスを運営すると、うまくいきました。

次の年に賃貸用の新築一戸建て、中古RCアパートを続けて購入し、本業の物販の仕事でアメリカに2年居住したあと、帰国して本格的に不動産賃貸業にシフトしました。

帰国後は順調に物件を増やし、途中で何棟か売却を絡めながら、2017年8月現在では、戸建6軒、区分マンション1戸、中古アパート4棟、新築アパート3棟、ホテル1棟（現在共同住宅からホテルへ用途変更中）を所有しています。

以下が物件一覧になります。（売却した物件は除いてあります）。

物件1号　中古戸建　利回り32％
物件2号　新築戸建　利回り9・8％
物件3号　中古RCアパート　利回り27％
物件4号　中古RCアパート　利回り25％
物件5号　中古RCアパート　利回り37％
物件6号　中古木造アパート　利回り18％
物件7号　中古戸建　利回り35％
物件8号　中古戸建　利回り30％
物件9号　区分マンション（分割販売中、利益250万）
物件10号　中古鉄骨マンション（ホテルに用途変更中）
物件11号　新築木造アパート　利回り13％
物件12号　新築木造アパート　利回り12％
物件12号　新築木造アパート　利回り12％
物件13号　中古戸建　利回り40％
物件14号　中古戸建　利回り40％
物件15号　中古木造アパート　利回り22％
物件16号　中古木造アパート　利回り24％
物件17号　中古木造アパート　利回り65％
物件18号　中古木造アパート　利回り65％

新築は表面利回り12～13％ですが、中古の物件は平均利回り30％ほどになります。ただ、空室が多いものを購入しているので入居付けに苦労していますが・・・。

今後の目標ですが、30歳になり、今後は不動産を買いつつも、簡易宿泊所やゲストハウス、ホテルなどを増やし、独自のツアーなどを企画して、北陸の魅力を世界に発信していきたいと考えています。

ふん様とは吉川英一先生を通じて知り合い、これまでに様々な方を紹介してもらいました。

ふん様は普段は少しシャイで、石橋を叩いて壊してしまうくらい真面目ですが、いつも先陣を切って日本全国の著名な方と知り合い、僕ら富山の若手大家を引っ張っていってくれています。

少しでも恩返しできるよう、これからもふん様を応援していきます！

皆さんも素敵な仲間を作って、不動産投資で人生を変えてください。

六人目

ギリギリの生活だけど、もう一人子供が欲しい！ ふんどし王子と波乗りニーノさんとの出会いが人生を変えたやまとさん

プロフィール

名前：やまと（39才）、妻と子供3人の5人家族／職業：工場で3交代勤務／学歴：大卒だが、ふんどし王子よりも年収は低い

☆所有物件：木造アパート1棟（12戸）、区分マンション2戸、戸建て1戸の2棟15戸、小さな駐車場を所有、（8部屋の新築アパートを建築中）／家賃年収：900万円程／借入金：約7500万円（新築アパート以外は現金買い）／月々の返済額は45万円。返済比率は60%程（かなり高いです・汗）

きっかけは もう一人子供が欲しいと思ったこと

富山県在住のやまとと申します。現在39才で妻と子供3人の5人家族です。ふんどし王子さんが主宰している若手大家の会の一員です。

自分がその会では最年長です。年齢的に若手と言っていいのか疑問もありますが、不動産投資に関して言えば私が1番規模が小さく経験も浅いので、もう少し若手を名乗りたいと思っています（笑）。

仕事は工場で3交代勤務をしております。私は大卒製造業ですが、高卒製造業のふんどし王子さんよりも年収は低いです。

不動産投資を始めたきっかけですが、結婚して3年ほど経った頃、すでに子供が1人いたのですが、出来ればあと1人は欲しいなと考えていました。

しかし、収入も少なく、夫婦共働きでなんと

か生活していたという状況で、更に子供が増えれば、何とか食べさせてやる事は出来ても、家族で旅行に行ったり、美味しいものを食べに行ったり、習い事や好きなことをさせてあげたりする余裕はないと考えていました。

経済的な理由で子供の願いを叶えてあげられないのは親として辛いことです。

あとは、結婚して子供もいて、世間的にはそれなりの生活をしているように見えていたかもしれませんが、30歳を過ぎても平社員のままで収入も少なく、妻の稼ぎがなければ生活が成り立たない状況は夫として父として、また男としてもとても辛く、情けない気持ちで一杯という理由もありました。

当時、収入は少なかったですが、妻も働いており世帯収入は800万円以上ありました。貯蓄も300万円程ありました。

夫婦共働きのお陰で、わずかですが毎月貯蓄する余裕はありました。少しでも余裕のあるうちに何か行動しなければと焦りつつ、あまり本を読まなかった私ですが、何かヒントはないかと本屋へ行きました。

何冊か株や不動産に関する本を読んでいたのですが、どれも信用できないというか、そんなに上手くいくわけがないという気持ちで見ていました。その中で、著者が私と同じ富山県の方がいました。今でも大変お世話になり、とても尊敬している吉川英一さんです。

同じ富山県にこんなすごい人がいるのかという驚きと興奮で、他にも吉川英一さんの本はないかと探し、『一生お金に困らない個人投資家という生き方』（ダイヤモンド社）と『億万長者より手取り1000万円が一番幸せ』（ダイヤモンド社）の2冊を買い、その日のうちに夢中になって読みました。

これが2012年の春です。それからは不動産投資の本をほぼ毎日読み、物件検索も1日に何回もしていました。

知識はありませんでしたが、良さそうと思えば物件を見に行ったりもしました。休みが合えば地元不動産会社のセミナーに行きましたし、いろんなブログも読み漁っていました。

その中で吉川英一さん以外にもう1人、富山に住む不動産投資家を発見しました。

それがふんどし王子でした。私より若いのに不動産を持っているなんて凄いと思いました。

買付を入れた区分マンション、売主は憧れのふんどし王子だった！

それから1年後、近所に手頃な1Kの区分マンションが売りに出ました。10階建ての最上階で景色も悪くありません。入居者も居るので買った瞬間から家賃収入を得られます。ローンを組まなくても現金で買える価格でした。

この時に迷ったのは、個人で買うか法人で買うかという事です。この物件を見つけた少し前に、法人設立セミナーを受けていて、更にふんどし王子さんのブログでも法人で区分を買って、1年くらい実績を作ったら法人で融資を受けてアパート1棟買うという内容を書いていました。

1Kの区分を1戸買うのに法人を設立するメリットなんて全くありませんが、将来的に規模を大きくするつもりでしたし、何より私はサラリーマンなので、会社にバレたくないという思いから、妻を社長にした法人を作り、物件を購入しました。

法人を作ることで、個人と法人のお金をきっちり区別できるのもいいと思いました。家賃収入には絶対に手を付けないと決めていたので、お金を管理する面でも価値はありました。

そして決済前日の夜、布団に入り、ふんどし王子さんのブログを読んでいるとき、ハッと気づきました。「明日の売主・・・ふんどし王子じゃないが!?」と。その瞬間からはもう区分の事なんてどうでもよくなりました（笑）。「憧れのふんどし王子に会える」という興奮で中々眠れませんでした。

決済当日、そこに現れたのは私よりも若い男性でした。「絶対にふんどし王子だ!!」と確信しました。

決済が終わり、少し雑談していた時に思い切って聞きました。「もしかして、ふんどし王子さんですか?」と。そうしたら、「そうです。ふんどし王子です」とあっさり教えてくれました(笑)。

そこからは興奮してよく覚えていませんが、吉川英一さんの本を読んで不動産投資を始めた事、毎日ふんどし王子さんのブログを読んでいることを話しました。すると、ふんどし王子さんが、「じゃ、今度、吉川英一さんと飲みますか」と誘ってくれたのです!

そして同じ月に、念願の吉川英一さんとお会いできました。2013年8月の事です。

それまでは1人で不動産の勉強をしていましたし、話せる相手と言えば妻だけでしたが、ふんどし王子さんと出会ったことで、一気に仲間が増えていきました。

私にとっては1Kの区分はおまけみたいなもので、ふんどし王子さんとの出会いの方がよほど価値のある事でした。

ふんどし王子のブログに書いてあったことを愚直に実行

翌年の2014年。私はいよいよ一棟物の取得を目指して動き始めました。名刺代わりにA4の紙1枚に自己紹介や希望の物件などを書いた紙を持って、不動産屋を回りました。

ほとんどの不動産屋で門前払いか、説教されるかでした(自己資金が少ないとか、知識がないとか、考えが甘いとか色々言われました)。

でも、恥ずかしいとか悔しいとかは思いませんでした。その時は「絶対にアパートを手に入れて必ず成功し、豊かな人生を送るんだ」と考えていました。

というよりも、そうなる事を確信していました。根拠のない自信があったのです（笑）。

その時の私は明るい未来しか見ていなかったと思います。言い方を変えると「何か勘違いして浮かれているだけの痛い奴」だったかもしれません（笑）。

そしてついに、まだネットに出ていない物件を紹介してくれる不動産屋が現れました。

物件は重量鉄骨で築18年のアパートでした。価格は2500万円。諸費用も含めると2700万円ほどです。

最初に公庫へ行きましたが、見事に玉砕しました（笑）。創業者や女性には優しいんじゃなかったのかと怒りもありましたが、出ないものは仕方がありません。不動産屋からも「もう少し自己資金を貯めてから」と言われましたが、どうしても諦めきれません。

そこで、ダメ元で信用金庫へ融資をお願いしに行くと、審査に時間は掛かりましたが法人でプロパー融資を受けられることになりました。法人設立10カ月目の事です。

ここまでは、ふんどし王子さんのブログに書いてあった事をそのまま真似しただけです。本当に感謝しています。

家族が一つになれたきっかけは波乗りニーノさんのセミナー

しかし、すんなり買えた訳でもありません。この時、絶対に手を付けてはいけないと思っていた妻の貯蓄を使う事になります。最初は大反対されました。

妻が結婚前から20年かけて貯めてきたものでした。毎晩泣かれました。

そして思ったのは、「家族を幸せにするために始めた不動産投資なのに、現実は毎晩妻を泣かせている」ということです。私は一体、何をしているのだろうと悩みました。

会話も少なくなり、口を開けばケンカになり、それを見て子供は泣きだす。無能なだけでなく、家族させも幸せにできないのかと落ち込みました。

夜中に1人で泣いたこともあります。それでも、アパートを手に入れるという目標だけはブレませんでした。そんな私を見て、妻はとても不安だったと思います。

その頃、ふんどし王子さんが初めてセミナーを開催されました。講師は波乗りニーノさんという方です。ちなみに、このセミナーをきっかけにポールさん達と知り合いました。更に大物投資家の方も北海道や海外から駆けつけていました。今では伝説のセミナーと言われています（笑）。

このセミナーでは、新築アパートについて勉強できると思っていたのですが、それは前半だけで、後半はゴール設定の重要性についてお話されていました。このお話が、当時の私には救いとなりました。

経済的・時間的に豊かになれば、私も家族も幸せになれると漠然と考えていましたが、その過程で妻を悲しませている状況にギャップを感じていたからです。

セミナーの最後に自分の夢を書く時間があったのですが、この時に初めて、豊かになるから家族も幸せになれるのではなく、家族が幸せになるために豊かさ求めているのだと気づきました。

当たり前の事かもしれませんが、当時の私は不動産投資でお金を稼ぐことばかり考えて、肝心なことは漠然と思っているだけでした。

翌日、セミナーの最後に書いた「私の夢」を妻の前で発表しました。妻は「急にどうしたの？」という顔をしていましたが、構わず読み上げました。

なぜか、読んでいる途中から涙が溢れてきました。私もずっと不安と恐怖で一杯だったからだと思います。でも、声に出して妻に不動産投資で何を目指すのか、将来どうなりたいのか、そして一番大切なのは妻と子供であり、新婚旅行で行ったタヒチにもう一度、妻と2人で行く事が夢だと伝えました。

読み上げた後、自然と妻と抱き合っていました。今思うと、とてもカッコ悪い状況ですが、この日を境に妻も協力的になってくれました。

お金を稼ぎたいという目的だけでは漠然とし過ぎていますし、借金ばかりに意識が行ってしまいます。しかし、夢や目的を共有する事で、不安や恐怖よりも楽しみの方に意識が移ります。そしたら一緒に頑張ろう！となります。

こうなると一緒に物件を見に行くようになりますし、分からないなりにも2人であーだこーだと会話が生まれます。

波乗りニーノさんのセミナーは私にとって人生の大きなターニングポイントでした。

その後、中古アパートを購入し、2016年3月には、新築アパートを建てました。色々苦労しましたが表面利回りで10・5％の物件になりました。

同年12月には、アパートの売却も経験しました。最初は売却は考えていなかったのですが、ポールさんに「絶対に今売った方がいい！」と背中を押してもらったのです。

彼は2016年に、新築も含めて全ての所有物件を売りました（笑）。

私も希望額で売れるならと思い、売りに出したところ、すぐに買い手が見つかりました。表面利回り19％で購入したものが、11％で売却できました。

また最近、新築アパートの融資が満額で通り、2018年3月には8戸のアパートが完成する予定です。融資額は5500万円、想定家賃年収は約540万円です。立地はとてもいいのですが、その分、土地が高かったので表面利回りは10％に届きません。

この新築アパートですが、当初は元新卒大家のチャケウピーさんが購入する予定だった土地を譲って頂きました。しかもアパートのプラン付き（笑）。資料もまとめて頂いたので、そのまま銀行へ行くだけでした。


仲間の存在は本当に大きいです。

不動産について教えてくれたり、相談に乗ってくれたり、時には背中を押してくれて、時には本気で叱ってくれます。特にポールさんが（笑）。

融資が通ったり、物件を購入できたり、入居者が決まったりすれば共に喜んでくれます。真面目に語り合う事もあれば、バカな話で盛り上がったりもします。

最初はただ豊かになりたいと思っていました。でも、何のために豊かさを目指すのかを気づかせてもらい、妻と夢を共有できるようになりました。

また、若手大家の仲間達と楽しい時間を共に過ごしていきたいという気持ちも生まれてきました。不動産投資を始めた頃は想像もできなかった事です。

これから不動産投資を始める人に伝えたいこと

不動産投資について偉そうなことは言えません。私もまだまだ道半ばです。それでもこれから不動産投資を始める方に生意気なことを言わせて頂けるなら次の事です。

①不動産投資を始めるタイミングは常に『今』です。勇気と行動で人生は変わります。
②世の中を変えることに比べたら、自分を変えることは簡単なはずです。
投資にリスクは付き物です。でもリスクは自分の努力次第でコントロールできるはずです。コントロールできないのは世の中の動きです。

景気の浮き沈みや国の制度は個人でコントロール不可能です。

③経済的・時間的自由を手に入れた後にどうしたいのかが大切です。明確な目標を持ちましょう。

④動き始めたら『未来は常に希望しかない』と考えましょう。わざわざ暗い未来に向かう人はいないはずです。

⑤1人で夢や目標に向かうより、家族や仲間と共に歩んでいく方が道中もより楽しいはずです。思い出の多い人生にしましょう！

将来、振り返ったとき、また楽しめるはずです。

不動産投資の世界を知るきっかけは吉川英一さんの本からでしたが、ふんどし王子さんと出会った事で全てが加速していったように思います。

いきなり法人を設立して始めた不動産投資ですが、今では4期目の決算を終えて、4期連続増収増益を達成しました。自己資金もある程度できました。

今後、私は更に加速していくつもりです。でも、私1人の力では不可能です。

ふんどし王子さんや仲間達の存在はとても心強いです。不動産投資で手に入れた一番の財産は仲間なのかもしれません。

あとがき

最後に、長いあとがきとして、私が不動産投資をする上で意識してきたことを紹介します。

ごくごく平凡な、いえむしろダメな部類の私が不動産投資で結果を出せたのは、間違いなく、メンターを始め、周りの人たちのおかげです。

私は、お調子者なことだけが取り柄でしたので、その部分だけは誰にも負けないくらいがんばりました。

どんなことでも、自分の得意なことを他人のために使うと、それが結果的には「人《ひと》レバレッジ」（関わった人みんなが応援してくれる）になって、不動産投資での成果にもつながっていくのだと思います。

■大家生活8年間で学んだ3つのこと

①宴会では盛り上げ役になる

資産家でもなく、アパートを持っていない段階で、お金持ちの皆さんと仲良くなるためにはどうすればいいでしょうか？

まず、自分が提供できるものは何かを考えます。

もともと私は、サラリーマンの飲み会でも脱ぎ芸で盛り上げる事はありました。

たまたま加藤ひろゆきさんに「ふんどし王子」という名前を頂いたので、タオルを使用し、ふんどし風にして下半身にまとった写真をブログにアップしたところ、大いにウケました。

その後、富山の投資家であるわくわくリッチさんより、赤色のフンドシが送られてきて、私の正装となりました。

狙ってやったわけではなく、与えられたネタフリに対して全力を出したところ、面白い奴だ、可愛いやつだと思われたのかもしれません。

このように、『面白いやつだ』と思われるのも一つの武器ですし、ここだけの話、知り合いの大物投資家の方々も若いころは脱いで、飲み会を盛り上げていたと聞きました。

その結果、成功している人ほど、ふんどし姿で踊るのを暖かく見守ってくれましたし、面白かったと言ってくれます。

バカになるのは勇気がいる事ですし、恥ずかしいことです。

そのことは、成功者ほどわかっていて、認めてくれる気がしています。

もちろん空気を読まずに、脱ぎ芸をして場の雰囲気を壊してもダメですし、場所によってお店の方に迷惑をかけるなど、コンプライアンスの問題もあるので諸刃の剣です（笑）。

盛り上げるのも大事ですが、空気を読んで実施してください（責任は持ちません（笑））。


大事なのは『何が提供できるか？』を考えて実施していくことだと思います。

パソコンが得意なら、パソコンの知識を、労働力を投入する余裕があるのであれば、時間と肉体労働を提供して、女性の知り合いが多ければ合コンのセッティグを（笑）。

世の中にはクレクレ君と言って、もらうことばかり考えている方もいるようです。

最初にもらうのではなく、提供することにフォーカスしていけば、いろいろなことを受け取れるようになります。

有名な言葉ですと、「欲しければ与えよ」というものがあります。

自由が欲しければ、相手の自由を考え、笑顔が欲しければ、笑顔でいて、パンチが欲しければ、相手にパンチをすればいい。嫌味が欲しければ、嫌味を言えばいいと思います。

下手に出て媚びる必要はありませんが、自分が提供できるものを周りの人たちに与えていれば、情報は自然と集まってくると思います。

②初対面の相手には土産を持参する

私はセミナーを主催される方や、講師の方、県外の投資家にお会いする際はお土産を持参するようにしています。予備も含めて多目に購入していきます。

毎回1万円程度の出費と、多少荷物になる負担はありますが、その効果は計り知れません。渡した本人が忘れていても、受けとった方は覚えていてくれるものです。

その他に、物件見学をさせてもらったらガソリン代や食事代をお礼として支払うこともあります。

心構えとしては、相手のために何かできることが『気持ちいい』くらいが丁度いいと思います。

逆に言うと、それができないようなら（負担に感じるのなら）、お土産やお礼など渡さない方がいいかもしれません。

私は、そんな気持ちで相手と接していたら、ひょんな機会や、チャンスなどを手にしたことが多くありました。

最初は実感もありませんでしたが、数年単位が過ぎると複利で返ってきます。

それこそ、先輩大家さんから飲み会の誘いを受けたり、ローコストで腕のいい建築会社さんを紹介して貰ったり、その情報の価値はものすごく貴重です。

先輩大家さんが、時間を掛けて開拓したノウハウにすぐアクセス出来るのは、かなりの時間の短縮になります。

どこの金融機関を使っているか、どこの管理会社を使っているか、どこの設備を使っているか、どこの税理士事務所を使っているか等、自分で一から開拓するのはなかなか骨が折れます。

また、自分が『信頼できる人間』であれば、先輩大家さんは喜んで紹介してくれます。

先輩大家さんとしても、懇意にしている金融機関の担当者に、新規のお客さんを紹介するのは貢献になりますし、建築会社の紹介も、紹介した方が次回建てる際には「安くしてね！」と交渉できるかもれませんし、管理会社も管理物件が増えるのは嬉しいことです。

ここは言い方が難しいのですが、不動産は大きな金額が動くので、メンターと仰ぐ方（参考とする方）が、『何』を生業として活動しているのかを見極めることは大事です。

つまり、紹介料などのフィーで稼いでいるのか、不動産経営で稼いでいるかということです。フィーで稼いでいる優秀なコンサルの方もいらっしゃると思いますが、私は「実践」して、不動産投資で稼がれている方を参考にしています。

つまり、そういう師匠の役に立って、信頼され、師匠（メンター）と弟子という関係ではなく、「メンバー」になれるように努力することが大事だと思っています。

成功されている方の中には、「先生、先生」と言われるのが、堅っ苦しいと考えている人もいます。

そこは、失礼のない程度にフランクに、まずは人生の目標や夢をネタに話しかければ、すぐに仲良くなれるでしょう！（自己責任ですが、空気をみながらの下ネタも効果的!?）

③頼まれごとは試されごととして引き受ける

20代の頃は特に、社会のことはわかっていませんから、頼まれたことは基本的にYES！と言い続けてきました。（もちろん、明確にやりたいことが見えている方は突き進めばいいと思います。）

そのため、会社の「組合役員」に長らく属していましたし、地域の「体育協会の委員長」も任されていました。休日や、時間外の拘束が増えて、誰もやりたがらない役です。

　頼まれた時に、NOと言えずに引き受けて、多くの土日を提供してきましたが、身についたことも多いと思います。例えば、人前で話す機会や、行事の参加募集や、幹事をする経験ができます。

『金持ち父さん、貧乏父さん』の著者のロバート・キヨサキさんも、リーダーシップを身につける簡単な方法はボランティアのまとめ役として参加することや、教会の募金活動に参加することだと言っていました。

　その結果、知り合いに講師をしてもらうセミナーの段取りや、人の前で話すことに生かすことが出来ています。もともと上がり症、赤面症、多汗症の自分としては多少良くなったと自負しています。

　念のため付け加えると、どうしても嫌なことは断ってもいいと思います。できる範囲でやってみよう、ということです。

最後に皆さんへ

さて、ここからが本当のあとがきです。

私は不動産投資に出会ってから、人生が変わり、輝きだしました。

普通に工場で働いているだけでは出会えない方々に指導をいただけたり、他にも色々と素敵な経験をさせてもらったりしました。また、生活する上で、会社の給与に頼らなくてもいい道筋ができたことが、とても嬉しいです。

不況やリストラ、年金問題など暗い話題もありますが、地主でもお金持ちでもないサラリーマンが不動産投資に挑戦できる現在の日本は、チャンスに恵まれているといえます。

もちろん、向き不向きもありますから、不動産投資にこだわる必要はありません。

私の知り合いには、物販を仕組化して不労所得に近い状態を築いている方や、アフィリエイト収入で稼いでいる方、株式投資だけで生活している方もいます。

焦って大きく始めて、不動産投資による家庭不和を招くことは本末転倒です。

そうは言っても、不動産は多くの人々の生活に関わっています。

住んでいる家や、職場のオフィス、よく行く飲食店の入っているテナント、実家、それこそ、私が立って仕事をしている工場も不動産です。

つまり、人が生きている限り、すべてのことに不動産はかかわってきます。（あっ、亡くなっても墓地で関係しますね）。

そして、人生の支出に占める不動産の割合はとても大きいものです。そのため、少しの知識の差で、プラスにもマイナスにも大きく変わります。

つまり、不動産は人生という授業における必須科目と言えます。

この本が、不動産やお金、投資について学ぶ後押しとなり、読者の方がほんの少しの豊かさ、ほんの少しの余裕を手に入れ、楽しく過ごしてくれればうれしく思います。

そして、世界がほんの少し優しくなれたら、著者としてはこれ以上ない喜びです。

それでは、どこかのセミナー会場、懇親会場、南の島で会えることを期待でしてペンを置きたいと思います。

最後に、ごま書房新社の池田雅行社長様、編集部の大熊さん、執筆の遅さを粘り強く待って頂き、原稿製作のお手伝いにご尽力くださった加藤浩子さんには大変お世話になりました。

そして、オビの推薦文も下さったお二方、不動産投資のきっかけを作っていただいた加藤ひろゆきさん、富山で不動産投資を教えていただいた吉川英一さんにはとても感謝しております。また、いつもアドバイスをくれる波乗りニーノさん、寄稿してくれた若手大家6人のみんな、たくさんの大家さん仲間いつもありがとうございます。

最後の最後に、五体満足で成人するまで育ててくれた、亡き祖父と、健在の両親、苦楽を共にした兄弟のみんな、そしていつも支えてくれる妻と、いつも元気をくれる息子、ここでは伝えきれなかった多くの方々に感謝いたします。

皆さんありがとうございました。これからもふんどし王子をよろしくお願い致します!

2017年10月　工場勤務夜勤の休憩中に

ふんどし王子

著者略歴

ふんどし王子（ふんどしおうじ）

1985年富山県生まれ。ブログなどで通称『ふんどし王子』として活躍中の31歳・現役工場勤務サラリーマン。

中学3年生の時、兄に借りた『金持ち父さん・貧乏父さん』を読み、お金持ちになることを決意する。卒業後、地元の大手自動車メーカー系列の企業に就職。昼夜問わずの交代勤務の現場で働きながら1カ月に10万円ずつ貯金する。

しかし、サブプライムショックの暴落に巻き込まれ株・FXで300万円以上を損失、現物のない投資の怖さを知る。その後、今度は手堅い不動産投資の勉強を開始。2009年、24歳の時に100万円を元手に2,500万円の2世帯住宅を新築し、不動産投資を開始。その後、中古アパート、マンション区分を中心に買い進め、さらに、独自の視点で高利回りのガレージハウス、65万円の廃墟戸建て等、ボロ物件への投資を行う一方、新築戸建てと新築アパート等の資産性の高い案件にも着手している。

2017年9月現在、不動産資産はアパート4棟（20室）、戸建4棟で、家賃年収は1,750万円となっている（新築稼働含む）。

・ふんどし王子ブログ　https://plaza.rakuten.co.jp/yamaie/
・ふんどし王子『健美家』連載コラム（国内最大級・不動産投資と収益物件情報サイト）
https://www.kenbiya.com/column/fundosi/

高卒製造業のワタシが31歳で家賃年収1750万円になった方法！

著　者　ふんどし王子
発行者　池田 雅行
発行所　株式会社 ごま書房新社
〒101-0031
東京都千代田区東神田1-5-5
マルキビル7F
TEL 03-3865-8641（代）
FAX 03-3865-8643
編集協力　加藤 浩子（オフィスキートス）
カバーデザイン　堀川 もと恵（@magimo創作所）
印刷・製本　精文堂印刷株式会社

ISBN978-4-341-08685-5 C0034